ENZYKLOPÄDIE
DEUTSCHER
GESCHICHTE
BAND 63

ENZYKLOPÄDIE
DEUTSCHER
GESCHICHTE
BAND 63

HERAUSGEGEBEN VON
LOTHAR GALL

IN VERBINDUNG MIT
PETER BLICKLE
ELISABETH FEHRENBACH
JOHANNES FRIED
KLAUS HILDEBRAND
KARL HEINRICH KAUFHOLD
HORST MÖLLER
OTTO GERHARD OEXLE
KLAUS TENFELDE

HANDEL UND VERKEHR IM 20. JAHRHUNDERT

VON

CHRISTOPHER KOPPER

R. OLDENBOURG VERLAG
MÜNCHEN 2002

Die Deutsche Bibliothek – CIP-Einheitsaufnahme

Kopper, Christopher:
Handel und Verkehr im 20. Jahrhundert / von Christopher Kopper. – München : Oldenbourg, 2002
(Enzyklopädie deutscher Geschichte ; Bd. 63)
ISBN 3-486-55076-4
ISBN 3-486-55077-2

Rosenheimer Straße 145, D-81671 München
Internet: http://www.oldenbourg.de

Umschlaggestaltung: Dieter Vollendorf
Gedruckt auf säurefreiem, alterungsbeständigem Papier (chlorfrei gebleicht)
Gesamtherstellung: R. Oldenbourg Graphische Betriebe Druckerei GmbH, München

ISBN 3-486-55076-4 (brosch.)
ISBN 3-486-55077-2 (geb.)

Vorwort

Die „Enzyklopädie deutscher Geschichte“ soll für die Benutzer – Fachhistoriker, Studenten, Geschichtslehrer, Vertreter benachbarter Disziplinen und interessierte Laien – ein Arbeitsinstrument sein, mit dessen Hilfe sie sich rasch und zuverlässig über den gegenwärtigen Stand unserer Kenntnisse und der Forschung in den verschiedenen Bereichen der deutschen Geschichte informieren können.

Geschichte wird dabei in einem umfassenden Sinne verstanden: Der Geschichte in der Gesellschaft, der Wirtschaft, des Staates in seinen inneren und äußeren Verhältnissen wird ebenso ein großes Gewicht beigemessen wie der Geschichte der Religion und der Kirche, der Kultur, der Lebenswelten und der Mentalitäten.

Dieses umfassende Verständnis von Geschichte muss immer wieder Prozesse und Tendenzen einbeziehen, die säkularer Natur sind, nationale und einzelstaatliche Grenzen übergreifen. Ihm entspricht eine eher pragmatische Bestimmung des Begriffs „deutsche Geschichte“. Sie orientiert sich sehr bewusst an der jeweiligen zeitgenössischen Auffassung und Definition des Begriffs und sucht ihn von daher zugleich von programmatischen Rückprojektionen zu entlasten, die seine Verwendung in den letzten anderthalb Jahrhunderten immer wieder begleiteten. Was damit an Unschärfen und Problemen, vor allem hinsichtlich des diachronen Vergleichs, verbunden ist, steht in keinem Verhältnis zu den Schwierigkeiten, die sich bei dem Versuch einer zeitübergreifenden Festlegung ergäben, die stets nur mehr oder weniger willkürlicher Art sein könnte. Das heißt freilich nicht, dass der Begriff „deutsche Geschichte“ unreflektiert gebraucht werden kann. Eine der Aufgaben der einzelnen Bände ist es vielmehr, den Bereich der Darstellung auch geographisch jeweils genau zu bestimmen.

Das Gesamtwerk wird am Ende rund hundert Bände umfassen. Sie folgen alle einem gleichen Gliederungsschema und sind mit Blick auf die Konzeption der Reihe und die Bedürfnisse des Benutzers in ihrem Umfang jeweils streng begrenzt. Das zwingt vor allem im darstellenden Teil, der den heutigen Stand unserer Kenntnisse auf knappstem Raum zusammenfasst – ihm schließen sich die Darlegung und Erörterung der Forschungssituation und eine entsprechend gegliederte Auswahlbibliografie an –, zu starker Konzentration und zur Beschränkung auf die zentralen Vorgänge und Entwicklungen. Besonderes Gewicht ist daneben, unter Betonung des systematischen Zusammenhangs, auf die Abstimmung der einzelnen Bände untereinander, in sachlicher Hinsicht, aber auch im Hinblick auf die übergreifenden Fragestellungen, gelegt worden. Aus dem Gesamtwerk lassen sich so auch immer einzelne, den jeweiligen Benutzer besonders interessierende Serien zusammenstellen. Ungeachtet dessen aber bildet jeder Band eine in sich abgeschlossene Einheit – unter der persönlichen Verantwortung des Autors und in völliger Eigenständigkeit gegenüber den benachbarten und verwandten Bänden, auch was den Zeitpunkt des Erscheinens angeht.

Lothar Gall

Inhalt

Vorwort des Verfassers

Dieses Buch entstand 2000 und 2001 während meiner Zeit als DAAD-Dozent an der University of Minnesota in Minneapolis. Es ist bislang die erste monografische Überblicksdarstellung über die Geschichte des Verkehrs in Deutschland. Der eingeschränkte Raum des Buches hat in den Abschnitten über den Handel eine Konzentration auf den Einzelhandel erfordert.

Die Geschichte des Handels und des Verkehrs sind Querschnittsfelder der Geschichtswissenschaft, die eine Integration wirtschaftsgeschichtlicher, politikgeschichtlicher, sozialgeschichtlicher und kulturgeschichtlicher Fragestellungen und Ansätze nahe legen. Dieses Buch ist ein erster Schritt, einige größere Forschungslücken auf dem Gebiet der Verkehrsgeschichte und der Handelsgeschichte zu schließen und Ansatzpunkte für die Integration entsprechender Fragestellungen in den „mainstream" der Geschichtswissenschaft zu zeigen. Gerade die Abschnitte über die Nachkriegsgeschichte zeigen, dass einige wesentliche Fragen zur wirtschaftlichen, sozialen und kulturellen Entwicklung der beiden deutschen Staaten noch am Anfang stehen.

Die relativ schwache Historisierung des Verkehrs und des Handels im 20. Jahrhundert ist auch der Grund, weshalb der enzyklopädische Überblick umfangreicher ist als in den meisten Bänden der EDG. Aufgrund der vergleichsweise geringen historischen Erforschung beider Felder musste der Abschnitt über die Grundprobleme und Tendenzen der Forschung kürzer ausfallen, als es sonst in dieser Reihe üblich ist.

Mein Dank gilt dem Department of History der University of Minnesota, das mir gute technische und räumliche Arbeitsmöglichkeiten zur Verfügung stellte. Professor Karl-Heinrich Kaufhold danke ich für seine kritischen Anregungen zur Gliederung und zur Konzeption dieses Buches. Bei der Eingewöhnung in den amerikanischen Universitätsbetrieb halfen mir besonders M.J. Maynes, Patricia McBride, Liping Wang, David Good, Theo Stavrou und Eric Weitz, denen ich an dieser Stelle für ihre Unterstützung danken möchte.

Ich möchte das Buch meiner lieben Frau Martina als Dank für ihre Liebe und ihre stete Zuneigung widmen. Ohne ihre moralische Unterstützung hätte dieses Buch nicht entstehen können.

Ich gedenke zugleich meiner früheren Göttinger Studentin Carla Pott, die am 26. April 2002 in Erfurt Opfer eines unfassbaren Verbrechens wurde.

Christopher Kopper

I. Enzyklopädischer Überblick

1. Die Weimarer Republik

1.1 Die Eisenbahn

Das Prinzip der selbstständigen Ländereisenbahnen hatte sich vor dem Hintergrund der kriegsbedingten Verkehrsprobleme zunehmend als organisatorisch diffizil und wirtschaftlich anfällig herausgestellt. Zum Zeitpunkt der Novemberrevolution waren sich die Eisenbahn- und Verkehrsfachleute weitgehend einig, dass nur die Vereinheitlichung der Eisenbahn die zunehmenden materiellen Probleme der Bahn lösen könne. In der Nationalversammlung gab es einen parteiübergreifenden Konsens, die „Verreichlichung" der Ländereisenbahnen bis spätestens zum April 1921 zu vollziehen.

Verreichlichung der Ländereisenbahnen

Die Parteien verfolgten mit der Verreichlichung der Ländereisenbahnen unterschiedliche allgemeinpolitische Ziele. Während die Rechtsparteien an einer Stärkung der Reichseinheit durch die Klammer der Reichseisenbahn interessiert waren, hofften die Sozialdemokraten auf eine Überwindung des bürokratischen Obrigkeitsstaates. Nach den Vorstellungen der Sozialdemokraten sollte die zukünftige Reichsbahn Kern einer zukünftigen gemeinwirtschaftlichen Wirtschaftsordnung sein.

Auch ausgeprägt föderalistische Institutionen wie die Bayerische Staatsregierung stimmten aufgrund wirtschaftlicher Zwänge wie der stetig steigenden Betriebsdefizite der Verreichlichung im Grundsatz zu. Sie versuchten, ihre wirtschaftlichen und finanziellen Interessen gegenüber dem Reich in den Verhandlungen über den Kaufpreis geltend zu machen. Die Reichsregierung war weniger an einem Machtzuwachs auf Kosten der Länder als an einer zusätzlichen fiskalischen Einnahmequelle interessiert. Die erwarteten Überschüsse aus dem Reichsbahnbetrieb sollten zugleich dazu dienen, um die aus den Waffenstillstandsverhandlungen und dem Versailler Vertrag erwachsenden Reparationsverpflichtungen zu decken. Artikel 248 des Versailler Vertrages verpflichtete die Reichsregierung ausdrücklich, die deutschen Eisenbahnen als produktives Pfand für die Reparationen einzusetzen.

Aufgrund des hohen Nachholbedarfs für kriegsbedingt zurückgestellte Gleisinstandsetzungen und Fahrzeugreparaturen überführten die Länder die Eisenbahnen bereits zum 1. April 1920 in Reichseigentum, ein Jahr vor der in der Reichsverfassung gesetzten Frist. Der kumulierte kriegsbedingte Verschleiß der Länderbahnen, den Reichsverkehrsminister Groener 1921 rückblickend als „Raubbau" charakterisierte, hatte die wirtschaftlichen Zwänge zur Verreichlichung noch erhöht. Die erbittert geführte Debatte um die finanzielle Entschädigung der Länder endete mit einem Kompromiss. Mit der Übernahme der Eisenbahnschulden aus den Jahren 1914 bis 1920 stellte das Reich die Länder rückwirkend von den kriegsbedingten Sonderbelastungen frei. Bei der Berechnung des Kaufpreises kam das Reich den Ländern soweit entgegen, dass es nicht nur die Anlagewerte, sondern auch die Ertragswerte aus den „goldenen" Vorkriegsjahren berücksichtigte. Aufgrund der Inflation verlor der vereinbarte Kaufpreis von 40 Milliarden Mark jedoch kontinuierlich an Wert. Die Haushalte der Länder wurden von den zunehmenden Betriebsdefiziten der Eisenbahn entlastet, aber verloren auf längere Sicht eine nicht unbedeutende Einnahmequelle.

Finanzielle Entschädigung der Länder

Das Reich verpflichtete sich zur Übernahme des gesamten Eisenbahnpersonals der Länderbahnen einschließlich der damit übernommenen sozialen Verpflichtungen. Das Eisenbahnpersonal hatte sich von 1914 bis 1920 durch kriegsbedingte Neueinstellungen und durch die Wiedereinstellung von Kriegsteilnehmern im Zuge der Demobilisierung bis auf über eine Million Beschäftigte vermehrt. Damit leistete die Eisenbahn einen erheblichen Beitrag für die Lösung des Beschäftigungsproblems der Nachkriegszeit.

Die wirtschaftlichen und die arbeitsmarktpolitischen Interessen der Länder sollten laut Staatsvertrag durch das Indigenitätsprinzip und durch die Umwandlung der Landeseisenbahnverwaltungen in Reichsbahn-Direktionsbezirke gewährleistet werden. Bayern erhielt als besondere Konzession eine selbstständige Eisenbahnverwaltung, die in München als Außenstelle des Reichsverkehrsministeriums firmierte. Die später Gruppenverwaltung Bayern genannte Verwaltung war für alle Aufgaben der Eisenbahnverwaltung auf dem Gebiet des Freistaats Bayern zuständig.

Die Reichsbahn stand vor erheblichen Wiederaufbauaufgaben. Obwohl das Schienennetz nicht durch Kriegshandlungen zerstört war, musste eine große Zahl reparaturbedürftiger Loks und Waggons z.T. aufwendig instand gesetzt werden. Aufgrund der Reparationsverpflichtungen des Waffenstillstandsabkommens hatten die Länderbahnen allein bis Mai 1919 insgesamt 5000 fahrtüchtige Loks (ein Fünftel des

Folgen des Waffenstillstandsabkommens

Gesamtbestandes), 20000 Personenwagen und 150000 Güterwagen an die Siegermächte der Entente abgeben müssen. Zum Ausgleich der Reparationen und zur Modernisierung des „rollenden Materials“ bestellten die Reichsbahn und ihre Vorgänger bis 1923 8400 Loks, 236000 Güterwaggons und 12000 Personenwagen im Gesamtwert von 1459 Millionen Goldmark bei der deutschen Fahrzeugindustrie. 1925 besaß die Reichsbahn bereits wieder mehr Loks und Waggons als 1913, auf einem Schienennetz, das sich durch Gebietsabtretungen um ungefähr 7700 km bzw. um 15% vermindert hatte. Ein Drittel des Vorkriegsbestands an Loks, 40% des Güterwagenparks und 20% aller Personenwagen waren innerhalb von vier Jahren durch Neubeschaffungen ersetzt worden. Die Deutsche Reichsbahn-Gesellschaft sollte von 1924 bis Mitte der dreißiger Jahre von diesem Modernisierungsschub zehren können.

Erst die Verreichlichung der Länderbahnen ermöglichte es, die bisherige Typenvielfalt im deutschen Eisenbahnwesen zu senken. Die Beschaffungsaufträge für die neuen Einheitsloktypen der Reichsbahn verminderten nicht nur die Stückpreise, sondern senkten zusätzlich zu anderen Rationalisierungsmaßnahmen auch den Instandhaltungsaufwand der Lokbetriebswerke und Ausbesserungswerke. Die neuen Loks waren nicht nur wirtschaftlicher und wartungsärmer, sondern auch leistungsfähiger als jene Fahrzeuge, die als Reparationsgüter abgeliefert wurden. Dies änderte jedoch nichts an der Tatsache, dass die Reichsbahn und selbst noch die Bundesbahn mit dem wirtschaftlichen Problemen der Typenvielfalt kämpfen mussten. Die Beschaffung neuer Waggons mit Druckluftbremsen ermöglichte nicht nur höhere Reisegeschwindigkeiten im Güterverkehr, sondern erhöhte auch die Verkehrssicherheit. Da Güterzüge nunmehr ohne Bremsschaffner gefahren werden konnten, senkte die Neubeschaffung von Güterwaggons auch den Personalaufwand für Zugbegleiter erheblich.

Die Länderbahnen bzw. die Reichsbahn leisteten mit ihrer Beschaffungspolitik einen wichtigen Beitrag zur Verhinderung einer wirtschaftlichen Nachkriegsdepression. Die Reichsbahn, die als Regiebetrieb in den Reichshaushalt eingegliedert war, hielt trotz der wachsenden Haushaltsdefizite bis 1922 an ihrer expansiven Beschaffungspolitik fest. Damit profitierte sie erheblich von den Folgen der Inflation, solange die Lokomotiv- und Waggonindustrie an Festpreisen ohne vollständige Inflationsanpassung festhielt.

Andererseits musste sich der Regiebetrieb Reichsbahn politische Selbstbeschränkung bei der Anpassung der Tarife an die gestiegenen Reallöhne in den unteren und mittleren Lohngruppen und an die höheren Materialpreise auferlegen. Die Gewerkschaften und die Interessenverbände der transportintensiven Schwerindustrie waren aus unterschiedlichen Motiven nicht daran interessiert, den beschäftigungsschaffenden und konjunkturstützenden „Inflationskonsens" in Frage zu stellen. Erst als die Frage der Reparationsfinanzierung durch Steuererhöhungen und Anleihen im Herbst 1921 akut wurde, schwenkte die Schwerindustrie auf eine Austerity-Politik um und forderte die Umwandlung der Reichsbahn in einen Gewinn bringenden Wirtschaftsbetrieb. Der „Stinnes-Plan", der nicht zwingend mit einer Privatisierung des Reichsbahnkapitals verbunden war, stieß sowohl in der mittelständischen Wirtschaft als auch in den Gewerkschaften und in der Reichsregierung auf scharfe Kritik. Die Reichsbahnverwaltung reagierte mit einem in sich inkonsequenten Alternativkonzept, einerseits privatwirtschaftliche Formen der Betriebsführung wie die kaufmännische Buchführung und Kostenrechnung einzuführen, aber andererseits an der Rechtsform eines unselbstständigen Regiebetriebes festzuhalten.

Pläne zur „Privatisierung"

Nachdem sich die Reichsbahn 1922 wirtschaftlich konsolidiert und zum ersten Mal seit Kriegsende wieder einen kleinen Betriebsüberschuss erzielt hatte, brachte die Ruhrbesetzung durch französische und belgische Truppen im Januar 1923 die Reichsbahn an den Rand des wirtschaftlichen Zusammenbruchs. Der Aufruf der Reichsregierung zum passiven Widerstand bürdete der Reichsbahn die Last auf, die streikenden und die ausgewiesenen Eisenbahner mitsamt ihren Familien zu versorgen. Die Reichsbahn verlor mit der Ruhrbesetzung ein Achtel ihres Streckennetzes, das in der Vorkriegszeit gut 40% des gesamten Gewinns der Preußischen Eisenbahnverwaltung erwirtschaftet hatte. Insgesamt summierten sich die Einnahmeverluste und die zusätzlichen Ausgaben in Folge des passiven Widerstands und der Ruhrbesetzung auf zwei Milliarden Goldmark. Obwohl die Reichsbahn ihre Tarife an den Tageskurs des Dollars koppelte, um mit der Geldentwertung Schritt halten zu können, wurde ihre finanzielle Lage immer kritischer. Von April bis November 1923 überstiegen die Ausgaben die Einnahmen um das Dreifache. Die Reichsbahn hatte mit dem Ende der Hyperinflation zwar ihren Schuldenberg von 124 Milliarden Mark (Stand 1. April 1923) verloren, aber jegliche Liquiditätsreserven eingebüßt. Erst nach der Unterzeichnung des Dawes-Plans am 30. August 1924 gaben die Besatzungsmächte die Betriebsführung der Eisenbahn an der Ruhr und im linksrheinischen Gebiet an die Reichsbahn zurück.

Reichsbahn und Hyperinflation

Reparationsmemorandum und Reichsbahn

Am 7. Juni 1923, mehrere Monate vor der Aufgabe des passiven Widerstands, verabschiedete die Reichsregierung ein Reparationsmemorandum, welches die Reichsbahn in den Mittelpunkt rückte. Die

Reichsbahn sollte mit Reparations-Schuldverschreibungen in Höhe von 10 Milliarden Goldmark zu einem Zinssatz von 5% belastet werden und damit eine jährliche Reparationssumme von 500 Millionen Goldmark erbringen. Die alliierten Reparationsgläubiger nahmen diesen Vorschlag im Prinzip an und beauftragten zwei renommierte Eisenbahnfachleute – den Briten Sir William Acworth und den Franzosen Gaston Leverve – mit der Überprüfung dieses Plans. Acworth und Leverve lehnten eine Internationalisierung der Reichsbahn nicht zuletzt wegen der hohen professionellen Qualifikation der leitenden deutschen Eisenbahnbeamten ab, forderten aber eine Reorientierung der Betriebsführung hin zur kaufmännischen Rentabilität. Eine gewinnorientierte statt gemeinwirtschaftliche Eisenbahn erforderte aus ihrer Sicht zwar keine Privatisierung des Kapitals, aber eine Umwandlung in einen rechtlich selbstständigen gewinnorientierten Wirtschaftsbetrieb. Neben höheren Tarifen waren erhebliche Personalverminderungen und eine rentabilitätsorientierte Investitionspolitik nötig, um dieses Ziel zu erreichen.

Sanierung durch Personalabbau

Unabhängig von den Empfehlungen der ausländischen Eisenbahngutachter hatte die Reichsbahn bereits im Herbst 1923 mit einem rigorosen Personalabbau begonnen. Bis zur Gründung der Deutschen Reichsbahn-Gesellschaft (DRG) im Oktober 1924 war die Zahl der Reichsbahner bereits von über einer Million auf 775 000 gesunken. Sie verminderte sich bis Ende 1928 durch zeitweilige Einstellungssperren nur noch geringfügig bis auf 700 000 Beschäftigte. Auch wenn überwiegend Arbeiter in der Streckenunterhaltung und in den Ausbesserungswerken von der Entlassungswelle betroffen waren, griff das novellierte Reichsbahngesetz vom 30. August 1924 auch in die Rechte der Beamten ein. Überzählige und ungeeignete Beamte konnten nunmehr auf Dienstposten „mit geringerer Bedeutung“ versetzt oder als Wartegeldempfänger in den einstweiligen Ruhestand verabschiedet werden. Eine große Zahl der Reichsbahnbeamten sehnte sich nach dem alten Status des Reichsbeamten zurück und lehnte den Rechtsstatus des Reichsbahnbeamten als beamtenrechtlich minderwertig ab. Für ständige Kritik sorgten neben den hohen Gehältern für Spitzenbeamte auch die Prämienfonds der Generaldirektion und der Direktionen, mit denen Eisenbahner für besonders schwere Dienste entschädigt und für besondere Leistungen belohnt wurden. Die Idee der Leistungshonorierung durch Sonderprämien stand im Widerspruch zu den Besoldungsgrundsätzen nach Dienstrang und Seniorität. Sie wurde von den Standesorganisationen der Beamten immer wieder als ein Element der „Günstlingswirtschaft“, der „Willkür“ und der „Korrumpierung“ angegriffen.

Ansätze zur Verselbstständigung

Durch eine Notverordnung der Reichsregierung vom 12. Februar 1924 wurde die Reichsbahn in einen selbstständigen Betrieb mit eigener Rechtspersönlichkeit und eigenem Haushalt umgewandelt. Die fälschlicherweise auch als „Privatisierung“ bezeichnete Autonomisierung war mit der Gefahr eines erneuten Reichsbahndefizits begründet, das den Erfolg der Haushaltskonsolidierung nach der Einführung der Rentenmark gefährdet hätte. Da die Reichsbahn weiterhin durch den Reichsverkehrsminister geleitet wurde, blieb die Autonomisierung zunächst unvollständig. Auch wenn die Verselbstständigung der Reichsbahn unabhängig von ihrer Stellung als Reparationspfand geschah, wäre die Umwandlung der Reichsbahn in eine privatrechlich verfasste Gesellschaft ohne den reparationspolitischen Druck der Siegermächte und das daran gekoppelte Versprechen einer internationalen Anleihe innenpolitisch nicht durchsetzbar gewesen. Die überragenden außenpolitischen und wirtschaftspolitischen Interessen an einer Neuordnung der Reparationen machten es möglich, die in der Reichsverfassung verankerte Rechtsform der Reichsbahn mit Zweidrittelmehrheit zu ändern.

Leitungsstruktur der DRG

Ungeachtet ihres Namens „Deutsche Reichsbahn-Gesellschaft“ war die neue Reichsbahn keine Aktiengesellschaft. Das Betriebsvermögen der Reichsbahn war nicht ihr Eigentum, sondern lediglich vom Reich zur Betriebsführung übertragen worden. Ebenso wie eine Aktiengesellschaft besaß die DRG einen Vorstand zur Leitung der laufenden Geschäfte. Im Unterschied zu privatrechtlichen Aktiengesellschaften verfügte die DRG über einen Verwaltungsrat, dessen Kompetenzen in allen grundsätzlichen und wichtigen Fragen der Unternehmensführung unbeschränkt waren. Sie gingen damit weit über die Rechte eines Aufsichtsrats in der privaten Wirtschaft hinaus. Obwohl neun der 18 Verwaltungsratsmitglieder vom belgischen Reparationstreuhänder Leon Delacroix ernannt wurden, war die DRG aller Propaganda kommunistischer und rechtsgerichteter Kreise zum Trotz keine internationale Gesellschaft. Fünf der neun Repräsentanten der Reparationsgläubiger waren Deutsche. Die deutschen wie die ausländischen Verwaltungsratsmitglieder waren ähnlich wie die Mitglieder eines Aufsichtsrats in einer Aktiengesellschaft dazu verpflichtet, ihr Mandat ausschließlich zum Wohl der Gesellschaft auszuüben.

DRG und Reparationszahlungen

Die DRG war mit Reparations-Schuldverschreibungen in Höhe von 11 Milliarden Goldmark belastet, die ab dem zweiten Jahr (1925) mit jährlich 5% zu verzinsen und ab dem vierten Jahr (1927) mit 1% zu tilgen waren. Auch die Einnahmen aus der Beförderungssteuer für Personen und Güter, die der Reichsfiskus seit 1917 erhoben hatte, waren bis zu einem Festbetrag von 290 Mio. Goldmark (ab dem dritten Jahr) auf das Reparationskonto zu überweisen. Mit der Ratifizierung des Young-Plans im März 1930 wurden die Reparations-Schuldverschreibungen in eine jährliche Reparationsabgabe von 660 Mio. RM umgewandelt. Da die Beförderungssteuer nunmehr an den Reichsfiskus statt an die Reparationsgläubiger abzuführen war, wurde der Reichshaushalt erheblich entlastet. Der Young-Plan hob zugleich alle internationalen Bindungen und Kontrollen einschließlich der Mandate der ausländischen Verwaltungsratsmitglieder auf.

Die Forderung der Reparationsgläubiger nach einer Entpolitisierung der Reichsbahn wurde vor allem dadurch erreicht, dass der Generaldirektor und die übrigen Vorstandsmitglieder vom Verwaltungsrat ernannt wurden. Da weder Abgeordnete des Reichstages oder der Landtage noch Mitglieder der Reichsregierung oder einer Landesregierung dem Verwaltungsrat angehören durften und die Reichsregierung ihre Genehmigungsrechte für die Wirtschaftsführung an den Verwaltungsrat abgetreten hatte, konnte die Regierung die Unternehmenspolitik der DRG nur mittelbar über das Recht zur Tarifgenehmigung beeinflussen. Auch nach der Revision des Reichsbahngesetzes im Zuge des Young-Plans durfte der Reichsverkehrsminister lediglich einen Vertreter ohne Stimmrecht in den Verwaltungsrat entsenden. Im Falle von Unstimmigkeiten fällte nicht die Reichsregierung, sondern ein spezielles, beim Reichsgericht angesiedltes Schiedsgericht die Entscheidung. 1928 setzte die DRG eine Antrag auf Tariferhöhung gegen den Einspruch der Reichsregierung vor dem Schiedsgericht durch.

DRG erhält regierungsunabhängige Aufsicht

Unternehmerische Autonomie und Tarifaufsicht

Der wirtschaftliche Zwang, neben den Reparationsleistungen auch ausreichende Überschüsse für die Finanzierung von Investitionen erwirtschaften zu müssen, kollidierte zwangsläufig mit der politischen Forderung nach möglichst niedrigen Tarifen. Die DRG befand sich in einem permanenten Spanungsverhältnis zwischen dem Zwang zur Rentabilität und den Erwartungen der Reichsregierung, des Reichstags und der Wirtschaftsverbände nach einer Rückkehr zu einer gemeinwirtschaftlichen Unternehmenspolitik. Obwohl sich die DRG in ihrer Unternehmensform grundsätzlich von den Regiebetrieben der Ländereisenbahnen unterschied, wich ihre Tarifpolitik nur wenig von den tarifpolitischen Prinzipien der Vorkriegszeit ab. Die häufigen Vorwürfe einer zu starken Gewinnorientierung waren unangemessen, da die DRG keine höhere Umsatzrendite als die Königlich Preußische Eisenbahnverwaltung erwirtschaftete. Damit erledigte sich auch das Argument rechtsgerichteter Kreise, dass die Reparationsverpflichtungen der Reichsbahn eine untragbare Last für die DRG darstellten.

Nach einer Serie teilweise spektakulärer Eisenbahnunglücke war die DRG öffentlicher Kritik aus Politik und Presse ausgesetzt, sie habe die Sicherheit zugunsten des Gewinninteresses vernachlässigt. Tatsächlich lag die Unfallrate der Jahre 1925 bis 1929 um durchschnittlich 20% höher als in den letzten vier Vorkriegsjahren. Entgegen den verbreiteten Vorwürfen von Presse und Politik hatte menschliches Versagen von Eisenbahnern zu den Unglücken geführt, nicht Mängel in der Instandhaltung von Gleisen und Weichen. Da die Unfallrate niedriger als in den Jahren 1920 bis 1924 lag, war entgegen allen Argumenten der Gewerkschaften auch die Verlängerung der Regelarbeitszeit von 48 auf 54 Stunden sicher nicht die Hauptursache für die größere Unfallhäufigkeit.

Die Umstrukturierung der Reichsbahn vom hoheitlichen Regiebetrieb zum Wirtschaftsbetrieb übte eine starke Initialwirkung auf die technische und wirtschaftliche Modernisierung aus. Die Rationalisierung der Ausbesserungswerke durch eine Reorganisation nach industriellem Vorbild wirkte sich nicht nur in der Entlassung zahlreicher Arbeiter, sondern auch in sinkenden Ausbesserungszeiten und niedrigeren Ausbesserungskosten aus. Durch eine moderne Betriebskostenrechnung nach industriellem Vorbild erhielt die Generaldirektion der DRG zuverlässige Zahlen über die Betriebskosten und die Einnahmen der unterschiedlichen Personenzug- und Güterzugarten und aufschlussreiche Vergleichswerte über die Wirtschaftlichkeit ihrer Ausbesserungswerke.

Rentabilitätsorientierung und gemeinwirtschaftliche Tarifstruktur

Trotz des Zwanges zur Gewinnerwirtschaftung hielt die DRG an der gemeinwirtschaftlichen Struktur des Gütertarifsystems im Grundsatz fest. Die Randgebiete des Reiches wurden weiterhin mit einer degressiven Tarifstruktur, d.h. mit sinkenden Kilometertarifen auf lange Entfernungen begünstigt. Empfänger und Versender von Kohle, Erzen und anderen Rohstoffen profitierten zudem von einer nicht kostenechten Tarifstaffelung, die Fertigwaren zum Vorteil von Massengütern stärker belastete. Spezielle Ausnahmetarife für einzelne Güterarten und Transportrelationen kamen vor allem Regionen mit geografischen Standortnachteilen und solchen Wirtschaftsbranchen zugute, die hart an der Rentabilitätsschwelle operierten. Die Gütertarife waren gewinnorientiert; doch besaß das Tarifsystem einen internen gemeinwirtschaftlichen Ausgleichsmechanismus. Der Wettbewerb mit der Binnenschifffahrt schlug sich nicht in der Tarifgestaltung nieder. Die DRG stand nicht in einem direkten Tarifwettbewerb mit der Binnenschifffahrt und nahm mit speziellen Tarifen für den so genannten gebrochenen Transportverkehr auf die Verkehrsinteressen der Binnenschiffer Rücksicht.

Wettbewerb mit LKW

Demgegenüber nahm die DRG bereits 1926 den Tarifwettbewerb mit dem LKW-Fernverkehr auf. Der erste so genannte Kraftwagen-Wettbewerbstarif (K-Tarif) diente dazu, den zunehmenden LKW-Werkverkehr von den Brauereien der mecklenburgischen Bierstadt Lübz nach Hamburg zu bekämpfen. Bis Dezember 1929 richtete die DRG 190 einzelne K-Tarife ein, die teilweise speziell für den Wettbewerb um einen einzelnen Kunden, ein spezielles Frachtgut oder für eine einzelne Verkehrsrelation geschaffen wurden. Die Reichsbahn nahm den LKW frühzeitig als Konkurrenten im Wettbewerb um hoch tarifierte Fertigwaren wahr und versuchte, sein Wachstum mit gezielten Tarifverbilligungen von durchschnittlich 27% zu stoppen.

Rationalisierung in der Weltwirtschaftskrise

Die Wettbewerbssituation der DRG wurde erst in der Weltwirtschaftskrise kritisch, als gewerbliche Fuhrunternehmer versuchten, ihren LKW-Fuhrpark zu fast jedem Preis oberhalb der Grenzkosten in Betrieb zu halten. Infolge des hohen Anteils an Fixkosten für die Unterhaltung des Gleisnetzes, des Abschreibungsaufwands für Fahrzeuge und der Besoldungsaufwendungen für Beamten besaß die DRG keine Möglichkeiten, ihre Tarife kurzfristig zu senken. Der Widerstand der Reichsregierung und der betroffenen Landesregierungen hinderte die Generaldirektion daran, ein Rationalisierungskonzept für die Aufhebung von 10 Reichsbahndirektionen durchzuführen. Bis 1933 wurden lediglich zwei Reichsbahndirektionen geschlossen. Eine einschneidende Tarifsenkung war erst zum Dezember 1931 möglich, nachdem die Reichsbahn ihren Personalbestand um 70000 Beschäftigte vermindert und die Regierung Brüning die Beamtengehälter durch Notverordnungen um insgesamt 18 bis 26% (je nach Besoldungsgruppe) gesenkt hatte. Während die DRG von 1930 bis 1932 39% ihrer Güterverkehrseinnahmen und 36% ihrer Personenverkehrseinnahmen verlor, konnten die LKW-Spediteure ihr Verkehrsvolumen im gleichen Zeitraum um 112% erhöhen.

Um das Eindringen des LKW in den angestammten Verkehrsmarkt der Bahn zu stoppen und Gütertransporte auf die Schiene zurückzuleiten, entschloss sich die DRG im Februar 1931, heimlich die Spedition Schenker zu erwerben und damit einen der größten europäischen Spediteure zu übernehmen. Gegen den heftigen Protest mittelständischer Spediteure schloss die DRG einen Vertrag über die Zusammenarbeit mit der Spedition Schenker, durch den ein Kartell für das Rollfuhrgeschäft – die An- und Abfuhr von Gütern vom Kunden zum Bahnhof – gebildet wurde. Schenker und die übrigen Kartellmitglieder verpflichteten sich, erheblich reduzierte Rollfuhrgebühren zu nehmen und ihre Fernverkehrstransporte mit dem LKW über Distanzen von mehr als

50 km einzustellen. Demgegenüber verpflichtete sich die DRG, Rollfuhraufträge nur an Kartellmitglieder zu erteilen. Damit war es der DRG gelungen, ihre Monopolposition als Vermittlerin von Rollfuhraufträgen als Waffe im Kampf um den Fernverkehrsmarkt zum Einsatz zu bringen.

Durch die Weltwirtschaftskrise und vor allem durch den starken Rückgang der Grundstoffindustrien geriet die DRG zum ersten Mal seit ihrer Gründung in eine kritische wirtschaftliche Lage. Die Generaldirektion der DRG wurde mit den schwer zu vereinbaren Forderungen konfrontiert, im Sinne der Deflationspolitik die Tarife so weit wie möglich zu senken und gleichzeitig die Industrie durch Lieferaufträge für Gleismaterial und Fahrzeuge anzukurbeln. Gegen zusätzliche Aufträge an die Lok- und Waggonbauindustrie sprach nicht nur die Tatsache, dass die Reichsbahn ihren Fahrzeugpark bereits grundlegend modernisiert hatte und kaum Bedarf für Ersatzbeschaffungen bestand. Bereits vor dem Beginn der Krise besaß die DRG etwa 1800 Loks zu viel, während auf dem Höhepunkt der Krise im März 1932 3800 Loks und 200000 Waggons abgestellt waren. Aufgrund der sinkenden Betriebsüberschüsse und des ausgezeichneten Gleiszustandes konnte, ja musste die Reichsbahn in der Weltwirtschaftskrise die turnusmäßige Gleisererneuerung um die Hälfte reduzieren. Der Vorstand der DRG lehnte nach 1930 wiederholt die Vorschläge des Reichskanzlers Brüning ab, durch ein arbeitsintensives Sonderprogramm zur Gleiserneuerung die Nachfrage nach Stahl und nach Arbeitskräften zu beleben. Die DRG behielt ihre vorsichtige finanzpolitische Linie ungeachtet des politischen Drucks der Reichsregierung standhaft bei, obwohl sich ihre jährliche Schuldenbelastung mit dem Beginn des Hoover-Schuldenfreiheitsjahres im Juli 1931 dramatisch verringerte. Auch wenn ihre Gesamtverschuldung von 1929 bis 1932 von 1256 Millionen auf 1920 Millionen RM gestiegen war, war ihr jährlicher Schuldendienst von 61 Mio. RM bei jährlichen Betriebseinnahmen von 2939 Mio. RM im Vergleich zur übrigen deutschen Wirtschaft beneidenswert gering.

DRG und Arbeitsbeschaffungsprogramme

1.2 Der Straßenverkehr

Motorisierungsrückstand durch mittelständische Branchenstruktur

Die Motorisierung des Verkehrs in Deutschland hinkte erheblich hinter vergleichbaren europäischen Staaten wie Großbritannien und Frankreich hinterher. Während 1929 in Großbritannien auf 45 Einwohner ein PKW gezählt wurde, entfiel in Deutschland auf 147 Einwohner ein Auto. Der Grund für die erhebliche Rückständigkeit Deutschlands war weniger in der restriktiven Steuerpolitik des Reiches zu suchen, da die 15% Luxussteuer auf Autos im Jahre 1924 auf 10% gesenkt und 1926 ganz abgeschafft wurde. Wichtiger war die starke Zersplitterung der deutschen Automobilindustrie in überwiegend mittelständische Unternehmen. Während die amerikanische Autoindustrie die Vorteile der Produktstandardisierung, der Massenproduktion und der Fließbandfertigung intensiv nutzte, stand die Einführung fordistischer und tayloristischer Produktionsweisen in der deutschen Automobilindustrie noch ganz am Anfang. Nur wenige deutsche Unternehmen wie die spätere General-Motors-Tochter Opel – die 1928 rund die Hälfte aller in Deutschland verkauften Autos produzierte – hatten den Übergang von der fast handwerklichen Kleinserienfertigung zur Fließbandfertigung vollzogen. Nur durch einen protektionistischen Zolltarif konnte sich die deutsche Automobilindustrie vor der überlegenen amerikanischen Konkurrenz schützen. Obwohl der Schutzzoll für Autos in einer dreijährigen Anpassungsphase von 1925 bis 1928 von 2500 auf 750 RM je 1000 kg Fahrzeuggewicht gesenkt wurde, blieb seine protektionistische Wirkung gerade für kleinere und preiswertere Autos bestehen.

Steuerbelastung hemmt Motorisierung

Auch das Niveau der Kfz-Steuern war wenig geeignet, die Motorisierung des Gewerbes und der privaten Haushalte zu fördern. Mit einem Steuersatz von 12 RM je 100 ccm Hubraum (ab 1928) erreichte bereits die Kfz-Steuerbelastung eines Kleinwagens den halben Monatslohn eines durchschnittlichen Angestellten. Auch die Mineralölzölle, die 1931 zum Schutz der Herstellung synthetischer Treibstoffe auf 17 Pfennige je Liter Benzin angehoben wurden, verteuerten die Haltung von Kraftfahrzeugen. Während der Ford T – das erste amerikanische Volksauto – seinen Siegeszug in den ländlichen Regionen der USA begonnen hatte, war für Deutschland ein starkes Gefälle von den Dienstleistungszentren zu den proletarischen Industriestädten und von den Großstädten des Westens zu den agrarischen Regionen des Ostens kennzeichnend. Aufgrund der hohen Autopreise und der hohen Haltungskosten gehörten die Autobesitzer fast aussschließlich den Kreisen wohl situierter Freiberufler, Industrieller oder Handelsunternehmer an, die ihr Fahrzeug zumindest teilweise, oftmals überwiegend für berufliche Zwecke nutzten.

Aspekte des Straßenbaus

Die Straßenverkehrspolitik war in Deutschland institutionell zersplittert. Während das Reich für die Besteuerung der Fahrzeuge, die Zolltarife für Importautos sowie für den Mineralölzoll verantwortlich war, fiel der Straßenbau ausschließlich in die Kompetenz der Länder bzw. der preußischen Provinzen. Auch wenn das Reich die Einnahmen aus der Kfz-Steuer fast vollständig an die Länder überwies, blieben die

Kompetenzen für die Besteuerung des Straßenverkehrs und die finanzielle Verantwortung für den Straßenbau weiterhin getrennt. Ende der zwanziger Jahre deckten die Zuweisungen aus den Kfz-Steuereinnahmen nur ein Drittel der Unterhaltungs- und Baukosten des Straßennetzes. Obwohl sich der Zustand der Straßendecken bis Ende der zwanziger Jahre spürbar verbesserte, war die Mehrzahl der überörtlichen Straßen nur eingeschränkt für den motorisierten Verkehr geeignet. 1929 besaß nur ein Drittel aller überörtlichen Straßen bituminöse Beläge (Makadam) oder Kleinpflaster, doch nur selten Asphalt- oder Betondecken.

Private Initiativen zum Bau von kreuzungsfreien Schnellstraßen wie der HAFRABA-Verein blieben zunächst folgenlos. Die visionäre HAFRABA-Konzeption für eine Autobahn Hamburg-Frankfurt-Basel baute auf der Finanzierung durch Mautgebühren auf, die wegen der geringen Motorisierungsdichte kaum eine Erfolgschance besaß. Die erste mehrspurige kreuzungsfreie Straße war die Schnellstraße zwischen Köln und Bonn, die 1932 als Provinzialstraße der Rheinprovinz fertig gestellt wurde.

Erster Durchbruch des LKW

Trotz der relativ ungünstigen Ausgangsbedingungen gelangen dem LKW-Fernverkehr ab dem Ende der zwanziger Jahre Einbrüche in Teilsegmente des Fernverkehrsmarktes. Auch wenn das Verkehrsvolumen des LKW auf dem Höhepunkt der Weltwirtschaftskrise mit 2,7 bis 3,6 Milliarden Tonnenkilometern (tkm) nur einen Bruchteil des Verkehrsvolumens der DRG von 44,4 Milliarden tkm umfasste, so erlitt die Bahn doch spürbare Verluste in den am höchsten tarifierten Teilmärkten für Fertigwaren und Stückgüter. Für die zunehmende Konkurrenzfähigkeit des LKW im Transport von verderblichen, bruchempfindlichen und wertvollen Gütern war neben den technischen Vorzügen des LKW (schnelle Beförderung durch Haus-zu-Haus-Anlieferung und größere Bruchsicherheit) das gemeinwirtschaftliche Tarifsystem der Bahn verantwortlich, das für Fertigwarentransporte besonders hohe Tarife nahm und damit die Konkurrenz des Straßenverkehrs geradezu herausforderte. Die Selbstanlieferung von Gütern mit werkseigenen LKW (Werkverkehr) brachte vor allem der Textil- und Schuhindustrie und der Lebensmittelbranche wirtschaftliche Vorteile durch die Koppelung von Auslieferung, Warenrücknahme und Inkasso. Technische Innovationen wie sparsame und standfeste Dieselmotoren, Luftbereifung und leistungsfähigere Bremsanlagen erhöhten ab Ende der zwanziger Jahre den wirtschaftlichen Einsatzradius des LKW bis auf 200 km, der in Einzelfällen wie dem Transport von hoch tarifiertem Flaschenwein bis zu 700 km erreichen konnte. Der gewerbliche Güterfernverkehr und der Werkfernverkehr profitierten bis 1931 von einer vollständigen Transportfreiheit im Straßenverkehr.

wettbewerbspolitisches Laisser-faire

Da die Reichsregierung die Tarifpolitik der DRG nur indirekt beeinflussen konnte, hieß sie einen Wettbewerb des LKW mit der Bahn aus wettbewerbspolitischen Gründen insgeheim gut. Die Regierung schenkte den wiederholten Klagen der DRG über die zunehmenden Verkehrsverluste an den Straßenverkehr zunächst kein Gehör und unternahm auch keine Anstrengungen, um die ungleiche Belastung der DRG und des LKW-Verkehrs mit politischen und gemeinwirtschaftlichen Lasten wie den Reparationsverpflichtungen, der Beförderungssteuer und der Beförderungspflicht zu kompensieren. Die öffentlich vorgetragenen Behauptungen der DRG, dass sie Verkehrsverluste von 500 Mio. RM (1929) an den Straßenverkehr zu verzeichnen habe, waren jedoch methodisch angreifbar. Sie rechneten auch den privaten PKW-Verkehr, den Linien- und Ausflugsverkehr per Bus und den LKW-Nahverkehr zu den Konkurrenten der Bahn, obwohl diese Verkehrsmittel wegen ihrer Leistungsvorteile neue Verkehrspotenziale erschlossen oder Verkehre bedienten, die für die Bahn kaum noch zurückzugewinnen waren. Während private und öffentliche Busunternehmen zum einen auf schienenparallelen Linien mit der Bahn konkurrierten, erschlossen sie zum anderen mit einem Liniennetz von 37 000 km (1928/29) ländliche Räume, denen bislang eine öffentliche Verkehrsanbindung gefehlt hatte.

Der Reichsverband der Industrie (RDI) und der Deutsche Industrie- und Handelstag (DIHT) bezogen im Streit zwischen Straße und Schiene zugunsten der DRG Stellung, da die tonangebende Schwerindustrie ein wichtiger Kunde der Bahn war. Die Schwerindustrie profitierte nicht nur vom gemeinwirtschaftlichen Tarifsystem, sondern auch von den Zulieferungen an die Bahn und an die Lok- und Waggonindustrie. Erst vor dem Hintergrund eines drohenden Reichsbahndefizits erließ die Regierung Brüning im Oktober 1931 eine Notverordnung, mit der die Tarife des LKW-Fernverkehrs an die Tarife der Bahn gekoppelt und eine Konzessionspflicht für den gewerblichen LKW-Fernverkehr über mehr als 50 km Entfernung eingeführt wurde. Doch trotz seiner Eingliederung in das gemeinwirtschaftliche Tarifsystem der Bahn behauptete der LKW einen Teil seiner Wettbewerbsvorteile. Da die Reichsregierung erst 1935 eine funktionierende und vollständige Tarifkontrolle institutionalisierte, konnten die LKW-Spediteure das Tarifsystem der Bahn weiterhin durch inoffizielle Rabatte unterlaufen.

Reichsbahndefizit erzwingt Wettbewerbsbeschränkung

1.3 Die Binnenschifffahrt

Durch die Weimarer Reichsverfassung wurde sowohl das Eigentum der Länder an den Binnenwasserstraßen als auch die Verwaltung der Wasserwege auf das Reich übertragen. Doch obwohl das Reichsverkehrsministerium die formelle Zuständigkeit für die Binnenschifffahrtspolitik wie für die Verwaltung der Wasserstraßen erhielt, blieben die Länder de facto Träger der Wasserstraßenverwaltung. Für die Entwicklung des Binnenschiffverkehrs war jedoch der Bau des Mittellandkanals entscheidender, der das westdeutsche Wasserstraßengebiet erstmalig mit der Weser, den niedersächsischen Wirtschaftszentren Hannover und Braunschweig, der Elbe und Brandenburg verbinden sollte. Mit der Aufhebung des preußischen Dreiklassenwahlrechts war zugleich die politische Mehrheit der ostelbischen Großagrarier gegen den Kanalbau weggefallen. Diese hatten eine relative Verschlechterung ihrer Standortlage gegenüber der westdeutschen Landwirtschaft befürchtet und daher den Kanalbau bis 1918 erfolgreich verzögert.

Zum anderen erwies sich die Tarifkonkurrenz im Massengutverkehr als ein willkommenes Instrument, um die Reichsbahn zur Einführung günstigerer Ausnahmetarife zu bewegen. Um einen Verdrängungswettbewerb der Reichsbahn gegen die Binnenschifffahrt zu unterbinden, beharrte das Reichsverkehrsministerium auf dem Fortbestand von Ausnahmetarifen im gebrochenen Verkehr Schiff-Schiene. Das Reichsverkehrsministerium verhinderte Kampftarife der Bahn in Konkurrenz zum Schiffsverkehr auf dem Mittellandkanal. Der Bau des Mittellandkanals barg erheblichen regionalwirtschaftlichen Konfliktstoff, da sich die Absatzregion der Ruhrkohle zu Lasten der schlesischen Kohle weiter nach Osten verlagerte und beispielsweise die Vorrangstellung der schlesischen Kohle auf dem Berliner Markt bedrohte. Die Fertigstellung des Mittellandkanals zog daher zwangsläufig Forderungen nach Ausnahmetarifen der DRG für die schlesische Kohle und nach dem Bau eines Kanals von der oberen Oder in das oberschlesische Revier nach sich.

Kanalbau und Standortpolitik

Der starke Rückgang der Transportnachfrage im Schiffsverkehr zwang die Reichsregierung während der Weltwirtschaftskrise zum Handeln. Ende 1931 führte die Reichsregierung per Notverordnung Frachtenausschüsse ein, in denen die Vertreter der Binnenschifffahrt zusammen mit den Repräsentanten der verladenden Wirtschaft Frachtraten festlegten. Die Einführung von Frachtenausschüssen und Festpreisen diente in erster Linie dazu, den ruinösen Preiswettbewerb in der Binnenschifffahrt zu unterbinden und damit die Existenz der mittel-

Schutz mittelständischer Partikuliere

ständischen Familienbetriebe (Partikuliere) zu sichern. Zum Schutz der Partikuliere untersagte die Reichsregierung der Montanwirtschaft den Ausbau ihrer werkseigenen Flotten.

1.4 Der Handel

Die mittelständischen Einzelhändler sahen sich seit dem Kaiserreich als einen die Gesellschaft tragenden Berufsstand. Obwohl der Einzelhandel nicht zu den traditionellen zünftlerischen Gewerben gehörte, vertrat die Mehrzahl der Einzelhändler noch immer traditionelle Ordnungsvorstellungen wie die Idee der „auskömmlichen Nahrung" und der Ablehnung ungeregelter und unbeschränkter Konkurrenz. In sich war die soziale Gruppe der Einzelhändler ausgesprochen heterogen. Sie umfasste zum einen die Besitzer kleiner und kleinster Geschäfte, die nach Einkommen und Sozialstatus dem Kleinbürgertum zuzurechnen waren, in wirtschaftlichen Krisenzeiten aber vom Absinken in proletaroide Lebensverhältnisse bedroht wurden. Die Inhaber größerer Einzelhandelsbetriebe und vor allem die Großhändler zählten nach Einkommen und Sozialstatus zum Wirtschaftsbürgertum und damit zur bürgerlichen Elite der Gesellschaft.

Schutz mittelständischer Partikuliere

Noch bis Anfang der dreißiger Jahre dominierten mittelständische Einzelhandelskaufleute mit einem Umsatzanteil von 78% den Einzelhandel. Doch nach dem Ende des Ersten Weltkriegs gerieten die mittelständischen Einzelhändler unter den zunehmenden Konkurrenzdruck von Kaufhäusern und Filialgeschäften nach dem Vorbild des amerikanischen Woolworth-Konzerns, die im damaligen Sprachgebrauch meist „Einheitspreisgeschäfte" genannt wurden. Kaufhausunternehmen in der Rechtsform von Personengesellschaften – und zunehmend auch Aktiengesellschaften – steigerten ihren Marktanteil im Einzelhandel vor allem auf Kosten der mittelständischen Familienbetriebe. Die so genannten Einheitspreisgeschäfte waren häufig Gründungen von Kaufhauskonzernen, die damit ihre Position bei Niedrigpreisartikeln auszubauen versuchten. Einheitspreisgeschäfte überflügelten den mittelständischen Einzelhandel nicht nur durch ihre Kostenvorteile beim Einkauf. Ihre Einkaufsmacht erlaubte es ihnen, teilweise auch die Preisbindung bei Markenartikeln zu durchbrechen. Auch durch die Konzentration auf umsatzstarke Artikel und den Verzicht auf qualifizierte Kundenberatung durch teurere Fachkräfte waren sie dem mittelständischen Einzelhandel wirtschaftlich überlegen. Das Durchbrechen der Einheitspreisgeschäfte manifestierte sich in der Umsatzentwicklung der drei größten Ladenketten, deren Umsätze in den späten zwanziger Jahren fast explosionsartig von 34,8 Mio. RM (1927) bis auf 200,9 Mio. RM stiegen.

Neben den Filialgeschäften für Textilien, Schuhe und Haushaltswaren existierten seit der Vorkriegszeit auch Filialbetriebe im Tabakhandel (Loeser & Wolff) und Kaffeehandel (Kaiser's Kaffee). Die größeren Filialgeschäfte für Kaffee wie Kaiser's Kaffee, Stüssgen und Tengelmann reagierten auf die Kaffeeknappheit in der Kriegs- und Nachkriegszeit mit einer Ausdehnung ihres Sortiments auf weitere nichtverderbliche Lebensmittel und vollzogen damit den Übergang zum Lebensmittelfilialisten.

Faszination des Warenhauses

Waren die Kaufhäuser bis zur Jahrhundertwende noch ein Phänomen der Großstädte, dehnten sie sich in der Folgezeit auf mittelgroße Städte mit weniger als 50000 Einwohnern aus, in denen der Einzelhandel bislang ganz durch den Mittelstand geprägt war. Allein von 1925 bis 1931 stieg die Zahl der Kaufhäuser von 750 auf 1400. Bis 1931 hatten allein die Kaufhauskonzerne Tietz und Karstadt und der amerikanische Woolworth-Konzern über 200 Einheitspreisgeschäfte eröffnet, die jedoch nur einen Marktanteil von einem Prozent am gesamten Einzelhandel erzielten. Kaufhäuser unterschieden sich von Einzelhandelsgeschäften nicht nur durch die große Sortimentsbreite, die neben Textilien, Haushaltswaren und Lebensmitteln zunehmend auch Elektrogeräte umfasste. Mit der Einrichtung von Restaurationsbetrieben und konsumnahen Dienstleistungsbetrieben für Schuhreparaturen, Optik, Radiotechnik und Frisiersalons traten die Kaufhäuser auch in Konkurrenz zum Gastgewerbe und Handwerk. Die Kaufhäuser beeindruckten die Zeitgenossen durch ihre sehr großzügige Raumaufteilung und ihre aufwendigen Inneneinrichtungen, mit denen sie ihren Kunden einen palastartigen Eindruck von Gediegenheit und Prunk vermittelten. Kaufhausbauten der zwanziger Jahre ragten in einigen Städten als Zeichen der architektonischen Moderne aus dem Stadtbild heraus. Im Stil der Neuen Sachlichkeit gebaut, symbolisierten ihre kubistischen Formen, verglasten Treppenhäuser und Fensterbänder das moderne Zeitalter und die Ideen von Transparenz und Rationalität.

Einzelhandel und Hyperinflation

In der Inflationszeit bis 1923 reagierte der Einzelhandel zum Teil mit der Zurückhaltung von Lagerbeständen auf die zunehmende Geldentwertung. Obwohl die Konsumquote nach dem Verfliegen der Geldillusion stetig stieg, litt der Einzelhandel unter dem Zurückbleiben der Löhne hinter den allgemeinen Lebenshaltungskosten. Auf dem Höhepunkt der Hyperinflation im Sommer und Herbst 1923 entstanden Warenengpässe, da die Lieferanten nur noch auf der Basis des aktuellen Dollarkurses lieferten. Mit der Einführung der Rentenmark mussten die

Lieferanten, die einen großen Teil ihrer Umlaufmittel verloren hatten, ihre Lieferzurückhaltung aufgeben. Der Einzelhandel profitierte in den wirtschaftlichen Konsolidierungsjahren bis 1928 vor allem vom Anstieg der Realeinkommen in den unteren und mittleren sozialen Schichten, die eine besonders hohe Konsumquote aufwiesen. Umso stärker wurde der Einzelhandel von der Weltwirtschaftskrise und der Deflationspolitik der Reichsregierung getroffen.

Die Kaufhäuser und Ladenketten konnten die Preise des mittelständischen Einzelhandels vor allem dank ihrer Größenvorteile im Einkauf unterbieten. Um möglichst hohe Mengenrabatte zu erzielen, zentralisierten die Kaufhauskonzerne ihren Einkauf. Kaufhausketten gaben nicht nur spezielle Produktserien (Hausmarken) bei ihren Lieferanten in Auftrag. Um die Kostenvorteile der vertikalen Integration nach dem Vorbild der industriellen Verbundwirtschaft zu nutzen und Belieferungsboykotte durch kartellisierte Konsumgüterbranchen und durch Markenartikelhersteller zu umgehen, erwarben Kaufhäuser gerade in der Textilindustrie eigene Fabrikationsbetriebe. Einzelne Produzenten wie der tschechische Schuhkonzern Bata gingen den umgekehrten Weg und eröffneten in ganz Europa Filialgeschäfte, um damit den Händlerrabatt zu umgehen. In der Weltwirtschaftskrise stellte sich die vertikale Integration der Lieferanten jedoch als eine Belastung heraus. Die Kaufhauskonzerne litten nicht nur an den überdurchschnittlichen Umsatzrückgängen für Waren des elastischen Konsumbedarfs (wie modische Textilien und Schuhe), sondern auch an den Verlusten ihrer unzureichend ausgelasteten Zulieferbetriebe. Vom letzten Vorkrisenjahr 1928 bis 1933 gingen die Umsätze der Kaufhäuser um nicht weniger als 45% zurück. Einzelne Kaufhauskonzerne wie Karstadt überstanden ihre krisenbedingte Überschuldung nur mit Hilfe von öffentlich verbürgten Krediten. Karstadt und andere Unternehmen wie Wertheim gerieten in eine zunehmende Kreditabhängigkeit von Bankenkonsortien, die einen zunehmenden Einfluss auf die Personalpolitik der Kaufhäuser ausüben konnten. Die Warenhauskonzerne sahen sich im Zuge der Krise gezwungen, einen Teil der unrentablen Filialen zu schließen und ihre Zulieferbetriebe mit Verlust zu verkaufen.

Vertikale Integration – Kostenvorteile und Risiken

Der mittelständische Einzelhandel reagierte mit der Gründung von Einkaufsgenossenschaften auf die zunehmende Preiskonkurrenz der Warenhäuser und Konsumgenossenschaften. Nachdem sich Lebensmittelhändler bereits 1907 zur Gründung der „Einkaufsgenossenschaft deutscher Kaufleute" (EDEKA) zusammengeschlossen hatten, wurde 1927 mit der „REWE Vereinigung der Lebensmittel-Großhandels-Genossenschaften von Rheinland und Westfalen eGmbH" eine

Einkaufsgenossenschaften

weitere Einkaufszentrale privaten Rechts gegründet. Bereits 1923 gehörten der EDEKA 30000 selbstständige Lebensmittelhändler an. Ähnliche Einkaufsgenossenschaften hatten sich bereits vor 1914 im Bäcker- und im Fleischerhandwerk sowie im Drogeriewarenhandel gebildet.

Bedrohungsgefühle und Antisemitismus

Der wirtschaftliche Konkurrenzkampf des mittelständischen Einzelhandels gegen Warenhäuser, Filialgeschäfte und Konsumgenossenschaften war im starken Maße politisch aufgeladen. Ungeachtet ihrer geringen Marktanteile von vier Prozent bzw. von einem Prozent betrachtete ein zunehmender Teil der Einzelhändler die Warenhäuser und Filialgeschäfte als eine soziale Bedrohung des Mittelstandes. Völkische Propagandisten mobilisierten mit dem demagogischen Verweis auf die jüdische Herkunft zahlreicher Kaufhausinhaber (wie Hermann Tietz, Leonhard Tietz und der Familien Wertheim und Schocken) antisemitische Vorurteile und Bedrohungsgefühle vor dem „raffenden“ Großkapital und verstärkten die antisemitische Stereotypenbildung bei mittelständischen Geschaftsinhabern und Kunden.

Konsumgenossenschaften im proletarischem Milieu

Auf der anderen Seite fühlte sich der mittelständische Lebensmittelhandel durch das Wachstum der Konsumgenossenschaften bedroht. Die aus der Arbeiterbewegung entstandenen und überwiegend von Sozialdemokraten geleiteten Konsumgenossenschaften galten mittelständischen Einzelhändlern als der Inbegriff des Klassenkampfes des Proletariats gegen den Mittelstand. Konsumgenossenschaften banden ihre genossenschaftlich organisierten Kunden nicht nur mit günstigen Preisen und Mitgliederrabatten, sondern auch mit der konkreten Utopie einer ausbeutungsfreien Gegengesellschaft, in der die Produktionsmittel und die Zirkulationsmittel den Produzenten und den Konsumenten gehörten. Die Konsumgenossenschaften waren nach den Gewerkschaften die mitgliederstärkste Säule der Arbeiterbewegung. Unmittelbar vor der nationalsozialistischen Machtergreifung zählten die sozialdemokratischen Konsumgenossenschaften 2,9 Millionen Mitglieder, während der katholische Reichsverband deutscher Konsumvereine 0,8 Mio. Mitglieder umfasste.

Das Gefühl der Erschütterung und Existenzgefährdung im mittelständischen Einzelhandel schlug bis in die Parteipolitik durch. Ein zunehmender Teil der Einzelhändler fühlte sich am Ende der zwanziger Jahre nicht mehr durch die Deutsche Demokratische Partei (DDP) und die Deutsche Volkspartei (DVP), die traditionellen Parteien des bürgerlich-liberalen und des bürgerlich-konservativen Parteienspektrums repräsentiert. Da vor allem die DVP als eine parteipolitische Interessenvertretung der Großindustrie angesehen wurde, wanderte ein größerer

Teil der Wähler des alten Mittelstandes zu mittelständischen Interessenparteien wie der Wirtschaftspartei und zu den kommunalpolitischen Mittelstandslisten ab.

steuerliche Diskriminierung der Warenhäuser

Die Vorstöße mittelständischer Interessenparteien und Interessengruppen für eine Wiedereinführung der 1919 abgeschafften Warenhaussteuer blieben längere Zeit wirkungslos, da sie mit dem liberalen Grundsatz der Steuer- und Abgabengleicheit nicht zu vereinbaren waren. Eine nach Umsatzgröße gestaffelte Sondersteuer für Warenhäuser war wegen ihrer unerwünschten preissteigernden und kaufkraftvermindernden Folgen weder aus der klassischen noch aus der nachfrageorientierten Konjunkturtheorie heraus zu rechtfertigen. Mit Rücksicht auf die Entwicklung des Einzelhandels machten die Städte nur in wenigen Fällen von der gesetzlichen Möglichkeit Gebrauch, Warenhäuser mit dem doppelten Gewerbesteuersatz zu belasten. Obwohl die Kaufhäuser und Einheitspreisgeschäfte im Zuge der krisenbedingten Steuererhöhungen durch die Regierung Brüning mit einer zusätzlichen Umsatzsteuer von 1,35 bis 2,5% (je nach Umsatzgröße) belastet wurden, verbesserte sich die Konkurrenzsituation der mittelständischen Einzelhändler nur wenig. Die zusätzlichen Umsatzsteuern blieben erheblich hinter den Forderungen mittelständischer Einzelhandelsverbände nach einer prohibitiven Besteuerung von Warenhäusern und Filialgeschäften zurück. Im November 1932 machte sich auch die Hauptgemeinschaft des Deutschen Einzelhandels (HDE) die Forderungen nach einer prohibitiven Warenhauspolitik zu Eigen. Die mittelständischen Interessenparteien degenerierten wegen ihres geringen Einflusses auf die Politik der Präsidialkabinette zu politischen „Zwischenwirten" des alten Mittelstandes, der zum Ende der Weimarer Republik in großer Zahl zu den Nationalsozialisten überlief.

2. Das „Dritte Reich"

2.1 Die Eisenbahn

der Schein personalpolitischer Normalität

Trotz der Übernahme nationalsozialistischer Herrschaftssymbolik in Form von Hakenkreuzfahnen, Hoheitszeichen und Hitlergruß herrschte unter der Mehrzahl der Eisenbahner wie auch der Bahnkunden der Eindruck von Normalität vor. Das trügerische Gefühl der Normalität basierte zum einen darauf, dass keine wirklich einschneidenden personellen Veränderungen an der Spitze der Reichsbahn vorgenommen wurden. Der parteilose, national-konservativ gesinnte Generaldirektor

Julius Dorpmüller blieb als Symbol einer vermeintlich apolitischen Neutralität ebenso in seinem Amt wie die große Mehrzahl der Vorstandsmitglieder. Lediglich das Vorstandsmitglied Wilhelm Weirauch, der für das politisch sensible Personalwesen zuständig war, musste sein Amt zugunsten des nationalsozialistischen Eisenbahndirektors Wilhelm Kleinmann räumen. Kleinmann, der zuvor Direktor der Reichsbahndirektion Essen gewesen war, verdankte seinen Aufstieg in den Vorstand zweifellos dem politischen Machtwechsel. Da Kleinmann ebenso wie seine Kollegen Berufseisenbahner war und er bereits vor der Machtergreifung seine Qualifikation für Führungspositionen bewiesen hatte, stand er jedoch nicht unter dem drückenden Verdacht des politischen Karrierismus.

Kompetenzeinbußen des Reichsverkehrsministeriums

Nicht nur Hitlers Rücksichtnahme auf das vermeintlich überparteiliche Erscheinungsbild seines Kabinetts war dafür verantwortlich, dass der bereits unter Franz von Papen amtierende Reichsverkehrsminister Paul Freiherr von Eltz-Rübenach in seinem Ministeramt verblieb. Der katholisch-konservative Eltz-Rübenach konnte sich auch deshalb bis 1937 in seinem Amt behaupten, weil das Verkehrsministerium in keinerlei Hinsicht den Status eines Schüsselressorts besaß und durch die Ausgliederung des Straßenbaus und der Luftfahrt noch weiter geschwächt wurde. Hitler und Göring veranlassten diese Maßnahme, um die dynamische Entwicklung des Straßenbaus und der Luftfahrt ohne Rücksicht auf konkurrierende Ressortinteressen und formalisierte innerministerielle Entscheidungsprozesse fördern zu können. Während die Kompetenzen für den Straßenbau im Amt des „Generalinspektors für das Straßenwesen" konzentriert wurden, richtete Göring ein Reichskommissariat für die Luftfahrt (ab 1935 Reichsluftfahrtministerium) ein. Das Reichsverkehrsministerium, das auf den Status eines Ministeriums für Eisenbahn, Schifffahrt und den gewerblichen Güterverkehr reduziert wurde, konnte auch weiterhin nicht direkt in die Geschäftspolitik der Reichsbahn eingreifen.

Auch die antisemitischen Eingriffe in die Personalpolitik der DRG blieben ohne sichtbare Folgen für die übrigen Beschäftigten der Bahn. Zum einen war der Anteil jüdischer Eisenbahnbeamter im Vergleich zu anderen Zweigen des öffentlichen Dienstes gering. Zum anderen hielt der Verwaltungsrat der DRG an unersetzbaren jüdischen Mitarbeitern fest. Das jüdische Vorstandsmitglied Ludwig Homberger, das für die Finanzen der DRG zuständig war und einen exzellenten Ruf genoss, wurde aus unternehmenspolitischen Opportunitätserwägungen bis zum Erlass der „Nürnberger Gesetze" in seinem Amt belassen. Es gelang Dorpmüller und seinem Stellvertreter Kleinmann, mit der Unterstützung der Reichskanzlei weiter gehende Forderungen der NS-Fachschaft Reichsbahn nach personellen Säuberungen und nach der Protegierung nationalsozialistischer Karrieristen abzuwehren. Die Stabilisierung der Wirtschaft – einschließlich der DRG – hatte seit Mai 1933 Vorrang vor einer Fortsetzung der „Nationalen Revolution“ in der Wirtschaft durch nationalsozialistische Aktivisten.

Auswirkungen des „Berufsbeamtengesetzes“

Einzelne nationalsozialistische Aktivisten wurden zwar bevorzugt eingestellt und befördert, doch dominierten bei Einstellungen und Beförderungen auch weiterhin fachliche Kriterien. Da die Kanzlei des Stellvertreters des Führers ab 1937 bei allen Entscheidungen über die Einstellung und Beförderung höherer Reichsbahnbeamter angehört wurde und gegebenenfalls eine so genannte „Politische Beurteilung“ bei der NSDAP-Ortsgruppe am Wohnort des Eisenbahners anforderte, wurde eine nominelle NSDAP-Mitgliedschaft als Nachweis politischer Loyalität zunehmend karrierewichtig.

Mit der nationalsozialistischen Machtübernahme war keine entscheidende Reorganisation der Reichsbahn verbunden. Die Aufhebung der weit gehend selbstständigen Reichsbahn-Gruppenverwaltung Bayern stand zwar in einem zeitlichen Zusammenhang mit der Gleichschaltung der Länder. Sie ließ sich aber als organisatorische Rationalisierung und als Abschluss der Verreichlichung rational rechtfertigen und ohne den Rekurs auf zentralistische Prinzipien begründen.

Ungeachtet aller nationalsozialistischen Rhetorik gegen das „System von Versailles“ blieb auch der Rechtsstatus der DRG bis 1937 unangetastet. Da der Status der DRG als Unternehmen mit eigener Rechtspersönlichkeit zuletzt 1930 durch das Haager Abkommen (Young-Plan) festgeschrieben worden war, musste die nationalsozialistische Regierung den Status der DRG als völkerrechtliche Bindung respektieren. Während eine Revision des Reichsbahngesetzes und eine Umwandlung der DRG in einen Regiebetrieb zunächst ausgeschlossen war, erwartete die Reichsregierung, dass Vorstand und Verwaltungsrat ihren gesetzlich definierten Handlungsrahmen nicht ausschöpften und den wirtschaftspolitischen Richtlinien der Regierung Folge leisteten. So erklärte der Verwaltungsrat Ende 1933, im Falle von tarifpolitischen Unstimmigkeiten mit der Reichsregierung keinen Schiedsspruch des Reichsbahngerichts zu beantragen. Obwohl sich der Rechtsstatus der Reichsbahn bis 1937 auf dem Papier nicht veränderte, gaben Vorstand und Verwaltungsrat der DRG einen Teil ihres autonomen Handlungsspielraums zugunsten der Reichsregierung auf. Da sich die große Mehrzahl der Eisenbahner unterhalb der Führungsebene nicht wirklich mit der Idee eines autonomen Wirtschaftsbetriebes identifiziert hatte,

Teilverzicht auf Autonomie

stieß die Unterordnung unter die politischen Richtlinien der Regierung nicht auf Widerspruch, sondern fand sogar Zustimmung.

Dies bedeutete auch, dass die DRG ihre finanzpolitischen Bedenken gegen ein umfangreiches kreditfinanziertes Arbeitsbeschaffungsprogramm zurückstellte und sich 1933/34 mit insgesamt 840 Mio. RM an den Beschäftigungsprogrammen der Regierung beteiligte. Im Interesse der beschäftigungspolitischen Erfolge des Regimes beschäftigte die Reichsbahn 63 000 neu eingestellte Oberbauarbeiter auch während des Winters 1933/34, obwohl die Bahnunterhaltungsarbeiten während des Winterwetters stark eingeschränkt werden mussten. Viele der Oberbauarbeiter waren SA-Angehörige. Die DRG leistete damit auf eigene Kosten einen Beitrag, um das Potenzial politischer Unzufriedenheit in den Reihen der SA zu bändigen.

Sondertarife für NS-Organisationen

Auch auf tarifpolitischem Gebiet ging die DRG einige Konzessionen zu ihrem wirtschaftlichen Nachteil ein. Für Gruppenreisen der NSDAP und deren Gliederungen gewährte sie mit einem Rabatt von 60% sogar eine geringfügig höhere Ermäßigung als für Personentransporte der Wehrmacht. Mit einer Ermäßigung von 75% für KdF-Reisen blieb die DRG noch unter ihren Selbstkosten und leistete damit einen nicht unerhebliche Subvention für die sozialpolitische Propaganda des Regimes. Sie profitierte von der Zusammenarbeit mit dem KdF-Werk der Deutschen Arbeitsfront lediglich dadurch, dass die DAF den Bau einer Zweigbahn von Lietzow auf Rügen zum Badeort Binz durch ein Darlehen vorfinanzierte. Mit dieser Zweigstrecke wurde das geplante KdF-Seebad Prora an die Bahn angeschlossen. Im Güterverkehr begab sich die Reichsbahn ab 1936 durch besonders niedrige Ausnahmetarife für inländische Eisen- und Buntmetallerze zugunsten der Autarkiepolitik des Vierjahresplans nicht unerheblicher Einnahmen. Durch Gütertransporte zum Selbstkostenpreis verzichtete die Reichsbahn auch beim Bau der Reichsautobahn auf Erträge, die sie zur Deckung ihrer Gemeinkosten gebraucht hätte.

Neben den tarifpolitischen Verzichtsleistungen waren steigende Materialkosten und Löhne bei konstant niedrigen Gütertarifen auf dem Niveau der Weltwirtschaftskrise dafür verantwortlich, dass der DRG trotz stetig verbesserter Auslastung im Güter- und Personenverkehr 1935 ein Defizit drohte. Da die Reichsbank der DRG zugunsten der Aufrüstungs- und Autarkiepolitik des Regimes den Zugang zum Kapitalmarkt gesperrt hatte, musste sie auch ihre Großinvestitionen (wie z. B. in den Ausbau des Berliner S-Bahn-Netzes und in die Elektrifizierung der Hauptstrecken) selbst finanzieren. Die neu eingeführten Hochgeschwindigkeitstriebwagen des Typs „Fliegender Hamburger“ und

„Fliegender Kölner" usw. erreichten im Städteschnellverkehr von und nach Berlin Reisegeschwindigkeiten bis zu 128 km/h. Diese weltweit anerkannten Rekordleistungen täuschten aber darüber hinweg, dass der DRG Kapitalmittel zu einer umfassenden Modernisierung fehlten. 1934 musste die Generaldirektion von einem ehrgeizigen Plan zur technischen Modernisierung und Rationalisierung des Güterverkehrs und des Personenverkehrs Abstand nehmen. Das Konzept, den Verkehr mit Nahgüterzügen und leichten Nahverkehrszügen durch dieselbetriebene Kleinloks und Dieseltriebwagen attraktiver und kostengünstiger zu gestalten, konnte mangels Kapitalmarktmitteln lediglich ansatzweise realisiert werden.

verzögerte technische Modernisierung

Der Antrag der DRG auf eine 5%-Erhöhung der Gütertarife fand 1935 zwar die Unterstützung des Reichsverkehrsministeriums, wurde aber vom Reichsbankpräsidenten und Reichswirtschaftsminister Hjalmar Schacht aus inflationspolitischen Gründen kategorisch abgelehnt. Da Hitler das Kabinett immer seltener einberief, traten so genannte Führerentscheide in Streitfragen an die Stelle formalisierter interministerieller Entscheidungsprozesse. Entgegen seiner sonstigen Gewohnheiten traf Hitler tatsächlich eine Entscheidung, die die politischen Prioritäten nationalsozialistischer Politik kenntlich machte. Aus propagandistischen Gründen genehmigte Hitler an Stelle einer formellen Tariferhöhung nur einen 5%-Zuschlag auf den bestehenden Tarif, nahm aber aus stimmungspolitischen Gründen Nahrungsmittelfrachten von der Erhöhung aus. Um die Finanzierungslücke für Großinvestitionen zu decken, erhielt die DRG einen Tranche von 100 Mio. RM aus einer Reichsanleihe über 500 Mio. RM, die für die Gesellschaft Reichsautobahn bestimmt war.

erste Kapazitätsprobleme im Aufrüstungsboom

Während die Reichsbahn bis 1935 unter unzureichenden Erträgen und fehlenden Kapitalmarktmitteln litt, wurde sie ab 1937 Opfer der Stahlkontingentierungen durch Görings „Amt für den Vierjahresplan". Ab 1936 hätte die Reichsbahn die erforderlichen Erneuerungs- und Erweiterungsinvestitionen aus den konjunkturbedingt gestiegenen Erträgen selbst finanzieren können. Infolge der Stahlkontingentierung zugunsten der Rüstungswirtschaft und der kriegswichtigen Wirtschaftssektoren war die Reichsbahn gezwungen, einen zunehmenden Teil ihrer Aufträge für Lokomotiven und Waggons zurückzustellen. Da der Güterzugverkehr überproportional anstieg, machten sich die zu geringen Lieferungen neuer und leistungsstarker schwerer Güterzugloks zunehmend bemerkbar. 1937 überschritten die Verkehrsleistungen der Reichsbahn zum ersten Mal den Stand der Hochkonjunktur am Ende der zwanziger Jahre. Aufgrund des steigenden Verkehrsbedarfs in der

Aufrüstungskonjunktur traten 1938 erste Verkehrsengpässe im Personen- und Güterverkehr auf. So führte der „Anschluss" Österreichs zu einem starken Anstieg des Güterverkehrs, der die Kapazitäten der Bahnstrecken bis über die Belastungsgrenzen hinaus beanspruchte. Um den zunehmenden Güterverkehr von und nach Österreich aufnehmen zu können, mussten eingleisige Hauptbahnen wie die Strecke Passau-Linz eilends zweigleisig ausgebaut werden. Ab dem Herbst 1938 traten im Westen des Reiches zunehmend Verkehrsschwierigkeiten auf, da die Strecken infolge des hohen Transportbedarfs für den Bau des Westwalls überlastet waren. Bereits im Winter 1938/39 zeigte sich, dass die Reichsbahn überfordert war, zusätzlich noch den kältebedingten Transportausfall der Binnenschifffahrt auszugleichen.

Aufhebung der Reichsbahnautonomie

Reichsverkehrsminister Eltz-Rübenach bat Hitler Ende 1935 um die Genehmigung für eine Novelle des Reichsbahngesetzes. Er verfolgte die Absicht, nunmehr auch die rechtliche Selbstständigkeit der Reichsbahn aufzuheben. Da der Rechtsstatus der Reichsbahn durch völkerrechtliche Verträge fixiert war und Hitler sich grundlegende außenpolitische Entscheidungen allein vorbehielt, musste das RVM entsprechende Vorbereitungen sofort einstellen. Das Ende der Reichsbahnautonomie kam unvermittelt mit Hitlers Reichstagsansprache zum vierten Jahrestag der Machtergreifung am 30. Januar 1937. Hitler hob durch eine öffentliche Erklärung über den Bruch der „Fesseln von Versailles" die Autonomie der Reichsbahn und der Reichsbank auf, ohne zuvor die gesetzgeberischen Voraussetzungen für eine Reform des Reichsbahngesetzes geschaffen zu haben. Durch eine kurz danach erlassenes Gesetzes verlor die Reichsbahn den Status eines selbstständigen Unternehmens und wurde in die Reichsverwaltung eingegliedert. Sie behielt aber im Gegensatz zu den Jahren 1920 bis 1924 den Status eines Sondervermögens mit eigenem Haushalt. Die Leitung der Reichsbahn und des RVM blieben zunächst noch getrennt. Erst nachdem Hitler Eltz von Rübenach wegen seiner Kritik an der nationalsozialistischen Kirchenpolitik entlassen und durch Dorpmüller ersetzt hatte, wurde die Personalunion beider Ämter hergestellt.

Die Reichsbahn hatte sich zwar ab Ende 1937 mit speziellen Fahrplänen auf die Kriegsmobilisierung vorbereitet, war aber nicht auf eine „totale Kriegsführung" eingestellt. Dorpmüller machte Hitler, Göring und den Generalstab des Heeres wiederholt auf die unvollständige Kriegsbereitschaft der Reichsbahn aufmerksam, die trotz der beginnenden Motorisierung des Heeres immer noch das Rückgrat der militärischen Transportlogistik darstellte. Ein 1936 aufgestelltes langfristiges Programm des Heeresgeneralstabs und der Reichsbahn für den Ausbau

Vernachlässigung durch Vierjahresplan

strategischer Strecken wurde erst nach dem „Anschluss“ begonnen und auf 50% des geplanten jährlichen Umfangs gedrosselt. So blieb beispielsweise der Streckenausbau im mitteldeutschen Raum, der sich zu einem Zentrum der synthetischen Benzin- und Gummierzeugung und der Luftwaffenrüstung entwickelte, immer mehr hinter dem wachsenden Transportbedarf zurück. Hermann Göring hielt in seiner Funktion als Vorsitzender des Reichsverteidigungsrats die Transportkapazitäten der Reichsbahn für den Kriegsfall für ausreichend und behandelte den Investitionsbedarf der Reichsbahn in seiner Funktion als Generalbevollmächtigter für die Kriegswirtschaft auch weiterhin als nachrangig. Die Reichsbahn bewältigte die logistischen Anforderungen des Aufmarsches gegen Polen nur deshalb problemlos, weil sich die Mobilmachung nur auf einen Zeitraum von zwei Wochen erstreckte. Das Blitzkriegskonzept der kurzen Mobilisierungsphasen und des schnellen Bewegungskrieges verlangte der Reichsbahn zunächst nur kurzfristige Höchstleistungen für die Wehrmacht ab. Es ermöglichte der Bahn, die kriegswirtschaftlich und zivilwirtschaftlich wichtigen Transporte kurzfristig zugunsten der Wehrmacht zu reduzieren.

Transportkrise nach Kriegsbeginn

Bereits der erste Kriegswinter 1939/40 führte zu einer transportbedingten Kohlenkrise. Da die Kohlentransporte nach dem kältebedingten Ausfall des Schiffsverkehrs hinter dem Bedarf zurückblieben, mussten zeitweise bis zu 185 nicht kriegswichtige Betriebe stillgelegt und Transportsperren für nicht kriegswichtige und nicht lebenswichtige Güter verhängt werden. Neben dem Ausfall der Binnenschifffahrt und dem zunehmenden Mangel an qualifizierten Arbeitskräften wirkte sich die Verdunkelung negativ auf die Leistungsfähigkeit der Rangierbahnhöfe und die Unfallrate aus. Aufgrund ihrer Erfahrungen mit dem Personalüberhang nach dem Ende des Ersten Weltkriegs lehnte die Reichsbahn die vermehrte Anstellung von Frauen als Angestellte und im Beamtenverhältnis auf Probe zunächst ab. Sie befürchtete, sich nur mit Verzögerungen und Schwierigkeiten von kriegsbedingt eingestellten Kräften trennen zu können. Erst unter dem Einfluss des totalen Kriegs und des generellen frauenpolitischen Wandels des Regimes ging die Reichsbahn dazu über, Frauen auch als Zugbegleiterinnen und im mittleren nichttechnischen Beamtendienst einzusetzen. Die Versorgungsprobleme waren jedoch weniger der Reichsbahn als der unzureichenden Koordinierung der Güterverteilung in der polykratisch zersplitterten Kriegswirtschaft des Regimes anzulasten. So gelang es dem Reichsrüstungsministerium erst 1943, überflüssige gegenläufige Kohlentransporte zu eliminieren und damit erhebliche Transportkapazitäten einzusparen.

Zurückhaltung bei Investitionen

Die vorsichtige Haltung und die konservativen Einstellungen der führenden Reichsbahner manifestierten sich auch in der Beschaffungspolitik der Bahn. So lehnte die Reichsbahn noch 1940 Vorschläge für ein groß dimensioniertes Beschaffungsprogramm für schwere Güterzugloks mit der Begründung ab, dass sie einen Überschuss an Loks wie nach dem Ende des Ersten Weltkrieges vermeiden wolle. Wie in der Personalpolitik machte sich das Gewicht der Nachkriegs- und Krisenerfahrungen deutlich bemerkbar. Die leitenden Beamten der Reichsbahn waren fast ausschließlich vor 1885 geboren und damit entscheidend durch die Erfahrungen von 1919 und von der Weltwirtschaftskrise geprägt. Die langfristig nicht berechenbare Entwicklung der nationalsozialistischen Kriegspolitik stellte das größte Hindernis für eine zuverlässige Planung des Verkehrsbedarfs und der Betriebsentwicklung dar. Die Reichsbahn bereitete sich ab Juli 1940 auf Weisung des Oberkommandos der Wehrmacht (OKW) auf einen militärischen Aufmarsch gegen die Sowjetunion vor und baute im Rahmen des „Otto-Programms" die Bahnverbindungen in den deutschen Ostgebieten und im Generalgouvernement aus. Der Lokpark und der Bestand an Waggons wurde jedoch nicht dem Transportbedarf des geplanten Angriffskrieges angepasst.

erneute Transportkrise 1941/42

Die Kriegsführung im Osten überforderte die Reserven der Reichsbahn völlig. Infolge des hohen Lokbedarfs für Wehrmachtstransporte im Osten kam es ab November 1941 zunehmend auch zu Einschränkungen kriegswichtiger Transporte im Reichsgebiet. Während im ganzen Jahr 1941 nur 1900 Loks gefertigt wurden, hatte die Reichsbahn bis Februar 1942 4800 Loks in den Osten abgeben müssen. Auf dem Höhepunkt der Transportkrise im Januar 1942 konnte die Reichsbahn der Wirtschaft im Reich nur mehr 60000 Waggons statt der geforderten 140000 Waggons stellen. Es zeigte sich, dass die Reichsbahn für den Einsatz im Osten über zu wenige leistungsfähige und moderne Güterzugloks verfügte, deren Achsgewicht die Tragfähigkeit des russischen Gleisoberbaus von 16 Tonnen nicht überschritt und die den technischen Anforderungen des rauen Winterbetriebes gewachsen waren. Dorpmüllers Stellvertreter Wilhelm Kleinmann musste gegenüber Hitler als Sündenbock für die Transportschwierigkeiten herhalten. Auf Drängen des neuen Reichsrüstungsministers Albert Speer wurde er im Mai 1942 durch Albert Ganzenmüller abgelöst, der sich in der Leitung des Eisenbahnwesens im Osten bewährt hatte und mit 37 Jahren außergewöhnlich jung für einen Eisenbahner in einer Führungsposition war.

Ostfeldzug erzwingt großdimensioniertes Beschaffungsprogramm

Bereits im März 1942 hatte Speer der Reichsbahn die Kompetenzen für die Lokbeschaffung entzogen. Während die Reichsbahn noch im Oktober 1941 die Kritik des Lokindustriellen Oscar Henschel an der zu aufwendigen Konstruktion neuer Loks und an der zu geringen Standardisierung der Produktion zurückgewiesen hatte, erklärte sie sich nun bereit, innerhalb von drei Jahren insgesamt 15000 Loks der technisch „entfeinerten“ Kriegsbaureihe 52 abzunehmen. Nachdem der Lokomotivbau die höchste kriegswirtschaftliche Dringlichkeitsstufe erhalten hatte, gelang es dem „Hauptausschuss für Schienenfahrzeuge“ im Speer-Ministerium in Zusammenarbeit mit der Lokindustrie, durch konstruktive Vereinfachungen und Standardisierungen ab Oktober 1942 monatlich 500 Loks zu produzieren. Die Neubauloks der Baureihe 52 stellten aufgrund des Verzichts auf einen Speisewasservorwärmer einen fahrzeugtechnischen Rückschritt, aber einen fertigungstechnischen Fortschritt dar. Durch den weitestmöglichen Verzicht auf knappe Buntmetalle wie Kupfer löste sie das Rohstoffproblem auf Kosten der Lebensdauer und bewältigte das dringende Problem des Lokomotivmangels.

Obwohl Dorpmüller die Hauptverantwortung für die Mängel der Reichsbahn trug, hielt Hitler trotzdem an ihm fest. Für diese Entscheidung war neben Dorpmüllers unbedingter Loyalität nicht zuletzt sein Nimbus als Vaterfigur der Reichsbahn verantwortlich, die den Eindruck von Kontinuität vermittelte und die Identifikation der Eisenbahner mit „ihrem“ Betrieb stützte. Während Dorpmüller die Reichsbahn weiterhin gegenüber der Öffentlichkeit repräsentierte, übernahm Ganzenmüller zunehmend Leitungskompetenzen im Innenverhältnis. Ganzenmüller übernahm die Aufgabe, die Betriebsorganisation an die Erfordernisse des totalen Krieges anzupassen und das neue Leitbild des soldatischen Eisenbahners zu propagieren. Im Gegensatz zur vollständig durch Normen geregelten Arbeitswelt in Friedenszeiten sollte sich der Eisenbahner neuen Typs nicht mehr buchstabengetreu an den umfassenden Dienstvorschriften, Fahrplänen und Dienstplänen orientieren, sondern Betriebsstörungen durch Eigenverantwortung, Initiative und Improvisation überwinden helfen.

Zwangsarbeitereinsatz

Der Einsatz von Kriegsgefangenen und Zwangsarbeitern bei der Reichsbahn ist bislang erst in Ansätzen erforscht. In den Arbeitsbedingungen der Zwangsarbeiter spiegelte sich ihre Einstufung nach rassistischen Kriterien wider. Ab 1943 wurden Zwangsarbeiter germanischer Herkunft wegen des zunehmenden Mangels an Eisenbahnern zum Teil auf selbstständigen Dienstposten eingesetzt, während Zwangsarbeiter slawischer Herkunft unabhängig von ihrer Qualifikation mit körperlich schweren Hilfsarbeiten beschäftigt wurden. Nach dem Beginn massierter Bombenangriffe auf Bahnanlagen stellte der Baustab der SS der Reichsbahn Baubrigaden aus KZ-Häftlingen zur Verfügung. Die unmenschliche Behandlung durch die SS-Wachmannschaften, die schwere Arbeit und die oft völlig unzureichende Ernährung forderten eine unbekannte, mit Sicherheit beträchtliche Zahl von Todesopfern.

Verkehrszusammenbruch im Bombenkrieg

Während sich die Betriebslage der Bahn im Laufe des Jahres 1942 wieder stabilisierte, musste die Reichsbahn ab Frühjahr 1943 mit zunehmenden Schwierigkeiten infolge von Bombenangriffen kämpfen. Da die amerikanischen und britischen Bomberflotten das Eisenbahnnetz erst ab dem Sommer 1944 gezielt angriffen, war die Lebensader der deutschen Kriegswirtschaft zunächst noch nicht unmittelbar von der Lähmung bedroht. Erst die gezielten Bombenangriffe auf die großen Rangierbahnhöfe und die Hauptstränge des West-Ost-Verkehrs machten es der Reichsbahn ab dem Herbst 1944 unmöglich, die Leistungsfähigkeit des Netzes durch Notreparaturen wiederherzustellen.

2.2 Der Straßenverkehr

Es war eher weniger ein Indiz für die zunehmende politische Bedeutung des Straßenverkehrs als ein Zufall, dass die Eröffnung der Berliner Autoausstellung am 14. Februar 1933 Hitlers erste öffentliche Amtshandlung als Reichskanzler war. Hitler überraschte die anwesenden Automobilindustriellen mit der Ankündigung, die gesamte Straßenverkehrspolitik aus dem Reichsverkehrsministerium auszugliedern und einen „großzügigen Straßenbauplan" in Angriff zu nehmen. Seine Ankündigungen waren maßgeblich von Fritz Todt, dem Reichsführer des NS-Bundes Deutscher Technik beeinflusst. Todt hatte Hitler bereits 1932 ein Konzept für den Bau eines Autobahnnetzes vorgelegt und die Einrichtung einer speziellen Straßenverkehrsbehörde angeregt. Sein Vorschlag baute zwar auf die technischen Konzepte des HAFRABA-Vereins für eine Autobahn von den Hansestädten nach Basel auf, war aber weitaus größer dimensioniert. Todts Konzept erhob den ehrgeizigen Anspruch, nicht nur den Autoverkehr, sondern die gesamte Verkehrserschließung des Reiches zu revolutionieren.

Da bislang die Länder und Provinzen Eigentümer des überörtlichen Straßennetzes waren, griff Todts Initiative zunächst nicht in die Kompetenzen des Reichsverkehrsministeriums ein. Todt, der die behördenähnliche Struktur einer ministeriellen Straßenverwaltung mit der Bindung an bürokratische Verfahrensregeln und Haushaltsordnungen grundsätzlich ablehnte, erhielt im Juni 1933 von Hitler die Genehmigung, eine spezielle „Gesellschaft Reichsautobahn" für den Bau und Betrieb des Autobahnnetzes zu gründen. Die „Gesellschaft Reichsautobahn" war analog der DRG als ein selbstständiges Wirtschaftsunterneh-

Gesellschaft Reichsautobahn

men öffentlichen Rechts gegründet worden. Um den Bau des Autobahnnetzes zu beschleunigen, war die „Reichsautobahn“ ebenso wie die Reichsbahn mit hoheitlichen Rechten wie dem Enteignungsrecht ausgestattet.

Der Interessenkonflikt zwischen Straßenverkehr und Reichsbahn wurde scheinbar dadurch gelöst, dass die DRG 100% des Grundkapitals von 50 Mio. RM zeichnete und Generaldirektor Dorpmüller den Vorsitz des Verwaltungsrats übernahm. Doch ungeachtet der Eigentumsverhältnisse und der formellen administrativen Unterstellung unter die DRG blieb die Reichsbahn auf die Rolle des Kapitalgebers beschränkt. Todt führte die „Gesellschaft Reichsautobahn“ als einen selbstständigen Betrieb, auf den die DRG de facto keinen Einfluss ausüben konnte. Die amtliche Begründung, dass der Konflikt zwischen Straße und Schiene beendet und die einheitliche Leitung des Güterverkehrs auf Schiene und Straße wiederhergestellt sei, täuschte über die faktische Autonomie der „Gesellschaft Reichsautobahn“ und über die Interessengegensätze zwischen Todt und der Reichsbahn hinweg.

Auch die Steuerpolitik des Regimes erwies sich als motorisierungsfreundlich. Mit der Steuerbefreiung für neu zugelassene PKW im April 1933 erfüllte die Reichsregierung die hoch gesteckten Erwartungen und Wünsche der Autoindustrie vollständig. Über den konjunkturpolitischen Zweck der Absatzankurbelung hinaus diente die Steuerbefreiung der Förderung der Motorisierung, nicht zuletzt aber auch dem propagandapolitischen Zweck, technologiepolitische Modernität zu demonstrieren.

Kompetenzzersplitterung im Straßenverkehr

Da die Güterverkehrspolitik beim strukturkonservativen und eisenbahnfreundlichen Reichsverkehrsministerium verblieb, war die Straßenverkehrspolitik als Folge der Kompetenzaufspaltung zwischen dem RVM und Fritz Todt – dem neu ernannten Generalinspektor für das Straßenwesen von einigen Widersprüchen geprägt. Während der Autobahnbau bis 1941 durch Darlehen der Reichsanstalt für Arbeitsvermittlung und Arbeitslosenfürsorge und durch Reichsanleihen mit über 3 Milliarden RM gefördert und der Kauf von Neuwagen durch Steuervergünstigungen erleichtert wurde, verfolgte das RVM weiterhin eine restriktive Straßenverkehrspolitik. Mit Rücksicht auf die Wettbewerbsfähigkeit der Reichsbahn lehnte das RVM eine deutliche Senkung oder gar Aufhebung der LKW-Steuer ab. Erst auf Drängen des Reichswehrministers Werner von Blomberg, der an einer Vergrößerung des militärisch nutzbaren Lastwagenparks interessiert war, setzte die Reichsregierung 1935 die Steuerbelastung für schwerere LKW (ab 2,4 Tonnen Eigengewicht) herab.

Ein Gesetzesentwurf des RVM vom Juli 1934 strebte sogar ein Monopol der DRG im Güterfernverkehr an, das die privaten LKW-Spediteure zu Lohnunternehmern der Reichsbahn degradiert hätte. Obwohl der Gesetzesentwurf an Todts Einspruch scheiterte, brachte auch das einvernehmlich verabschiedete Güterfernverkehrsgesetz vom 26. Juni 1935 eine Verschärfung der Güterverkehrspolitik gegenüber der Weimarer Republik. Alle Fernverkehrsunternehmer mussten fortan dem Reichs-Kraftwagen-Betriebsverband (RKB) angehören, der die Frachtabrechnung zwischen den Verfrachtern und den Transporteuren abwickelte und damit jede Unterschreitung der offiziellen Tarife verhinderte. Der RKB war ein öffentlich-rechtlicher Verband, der neben seiner Funktion als öffentlich-rechtliches Aufsichtsorgan auch die Funktion einer beruflichen Selbstverwaltungsorganisation ausfüllte. Illegale Tarifrabatte und Rückvergütungen an Verfrachter wurden auch durch die Gesetzesklausel ausgeschlossen, dass Güterfernverkehrsunternehmen ausschließlich die Tätigkeit im Fernverkehr erlaubt war und sie kein Gewerbe neben dem Gütertransport ausüben durften.

Preis- und Kapazitätskontrolle

Das Güterfernverkehrsgesetz sollte einen Qualitätswettbewerb („Leistungswettbewerb") zwischen Bahn und LKW ermöglichen. Es hinderte den LKW aber daran, seine Kostenvorteile in einem Preiswettbewerb mit der Reichsbahn auszuspielen. Das Tarifniveau und die tarifliche Klassifizierung der Transportgüter war wie schon zuvor mit dem Tarifsystem der Reichsbahn identisch. Selbst die Tabellen für die Berechnung der Transportentfernungen wurden von der Reichsbahn übernommen, obwohl die tatsächliche Transportentfernung auf der Straße vielfach geringer als auf der Schiene war. Um eine Abwanderung von Massengütern auf den LKW zu verhindern, enthielt das Tarifwerk für den LKW zunächst nur die Tarifklassen A-C für Fertigwaren und Halbfertigwaren. Erst als der Bedarf an Transportleistungen für Baustoffe mit der beschleunigten Aufrüstung zunahm, wurden auch die niedrigere Tarifklasse D und einige Ausnahmetarife für Massengüter in das LKW-Tarifwerk aufgenommen. Im Gegensatz zur Tarifpolitik wirkten sich die Einführung des Konzessionszwanges und die volkswirtschaftliche Bedarfsprüfung für Konzessionsbewerber nicht bremsend auf die Entwicklung des LKW-Fernverkehrs aus, da der vorhandene Laderaum noch bis 1938 die Transportnachfrage überstieg. Der noch wenig entwickelte Fernverkehr mit werkseigenen LKW wurde durch das Güterfernverkehrsgesetz nicht in seiner Entwicklung beschränkt.

Widersprüche der Straßenverkehrspolitik

Das Gesamturteil über die Straßenverkehrspolitik im nationalsozialistischen Deutschland fällt wegen der offensichtlichen Widersprüche zwischen einer motorisierungsfördernden Straßenbaupolitik und einer motorisierungshemmenden Marktordnungspolitik zwiespältig aus. Das RVM förderte zwar ab 1935 den Kauf schwerer und leistungsfähiger LKW durch eine degressive Steuerstaffel, um damit den Bestand an schweren LKW für den Bedarf der Wehrmacht zu erhöhen, bremste aber andererseits die private Motorisierung durch die Ausschaltung jeden Tarifwettbewerbs. Klagen des Vierjahresplan-Amtes über die zu geringe Zahl an schweren LKW mit einer Nutzlast von drei Tonnen zeigten, dass die Motorisierungspolitik nur begrenzten Erfolg hatte. Da sich die Fernverkehrstarife nicht an den Transportkosten des LKW, sondern an den Reichsbahntarifen orientierten, konnte der LKW-Verkehr seine Kostenvorteile im Transport von Fertigwaren nicht ausspielen. Verbesserungen der Kostenstruktur im LKW-Verkehr durch leistungsfähigere Fahrzeuge und das entstehende Autobahnnetz schlugen sich in höheren Gewinnen, jedoch nur bedingt in einer Erweiterung des Marktpotenzials nieder. Der gewerbliche LKW-Fernverkehr konnte zwar in einem größeren Entfernungsbereich als bisher mit der Reichsbahn konkurrieren, die Bahn aber nur im Qualitätswettbewerb schlagen.

Reichsautobahn als Herrschaftssymbol und Gesamtkunstwerk

Der Bau der Reichsautobahn gilt aus gutem Grund als das Symbol nationalsozialistischer Verkehrspolitik. Die metaphorische Charakterisierung der Reichsautobahn als „Pyramiden des Dritten Reiches“ weist zu Recht auf den überragenden Symbolgehalt der Autobahn als Prestigeprojekt nationalsozialistischer Herrschaft und ihre Bedeutung als zeitgenössisches Denkmal jenseits von nüchternen Zweckbestimmungen hin. In den zeitgenössischen populären und wissenschaftlichen Darstellungen des Autobahnbaus nahm der verkehrswirtschaftliche Aspekt der Landeserschließung für den Fernverkehr einen deutlich geringeren Raum ein als die ästhetischen Aspekte der Reichsautobahn. Die Reichsautobahn wurde nicht nur durch ihre propagandistische Darstellung als „einigendes Band zwischen den deutschen Gauen“, sondern auch durch die Verwendung architektonischer Herrschaftssymbolik politisch aufgeladen. In der Architektur der Reichsautobahn wurden Elemente eines monumentalen Neoklassizismus, dem bevorzugten Stil architektonischer Herrschaftssymbolik im Nationalsozialismus, mit den traditionalistischen und regionaltypischen Elementen des Heimatschutzstils gemischt. Das ebenso aufwendige wie ehrgeizige Gesamtkonzept für die Gestaltung der Reichsautobahn umfasste neben den imposanten Raststätten, Straßenmeistereigebäuden, Brücken und den Stadttoren nachgebildeten Einfahrten in die Städte auch eine ästhetisch anspruchsvolle Linienführung. Die Trasse sollte sich nicht nur harmonisch in das Landschaftsbild einpassen, sondern auch durch vielfältige Aussichtspunkte und ständig wechselnde Landschaftsperspektiven ein

Fahr-Erlebnis kreieren und damit die deutschen Landschaften „er-fahrbar“ machen. Zum Gesamtkunstwerk Autobahn gehörte auch ein anspruchsvolles landschaftsgärtnerisches Konzept für eine standorttypische Bepflanzung, mit denen das ästhetische Fahrerlebnis noch gesteigert werden sollte.

Autobahnbau und Arbeitsbeschaffung

Der Mythos der Reichsautobahn als Kernprojekt der nationalsozialistischen Arbeitsmarktpolitik relativiert sich durch die Tatsache, dass zu keinem Zeitpunkt mehr als 130000 Arbeiter an den Baustellen beschäftigt wurden. Der Autobahnbau leistete einen wichtigen, aber keinesfalls entscheidenden Beitrag zur Reduzierung der Arbeitslosigkeit. Der Autobahnbau wurde auch dann noch fortgesetzt, als das Vollbeschäftigungsniveau erreicht war und militärische Bauten eine höhere Prioriät besaßen. Auch nach dem Beginn des Krieges wurden die Bauarbeiten an einigen Abschnitten fortgeführt, an denen unter anderem jüdische Zwangsarbeiter und zuletzt auch sowjetische Kriegsgefangene eingesetzt wurden. Obwohl sich die Autobahnen als militärisch bedeutungslos erwiesen, wurden die Bauarbeiten erst nach Todts Tod im Frühjahr 1942 endgültig eingestellt.

Mythos militärpolitischer Motive

Der Bau des Reichsautobahnnetzes lässt sich nicht mit militärischen Motiven und auch nur sekundär mit rationalen verkehrspolitischen Erwägungen erklären. Da Truppenbewegungen aus Mangel an Fahrzeugen und zwecks Einsparung von Treibstoff, Reifen und Ersatzteilen fast ausschließlich mit der Bahn durchgeführt wurden, erwies sich die Autobahn aus Sicht des Heeresgeneralstabs als kriegsunwichtig. Weil die Darlehen an die „Gesellschaft Reichsautobahn“ für den Ausbau der Reichsbahn fehlten, hatte der Bau der Autobahnen die Kriegsbereitschaft der Reichsbahn sogar indirekt geschwächt. Die verkehrswissenschaftliche Rechtfertigung des Autobahnbaus durch die externen Kostenersparnisse des Straßenverkehrs spielte für die Entscheidungsfindung und Entscheidungsdurchsetzung des Generalinspektors Todt keine Rolle, sondern wurde von einzelnen Verkehrswissenschaftlern in wissenschaftlichen Publikationen gewissermaßen „nachgeliefert“.

Die arbeitsbeschaffungspolitischen Intentionen sind für die ersten Jahre des Autobahnbaus jedoch höher zu bewerten. Um den Arbeitsmarkteffekt zu erhöhen, wurden die Bauarbeiten an möglichst vielen, auf das ganze Reich verteilten Baustellen begonnen. Dieses Verfahren verzögerte die Fertigstellung längerer Streckenabschnitte. Bei den Entscheidungen über die zeitliche Reihenfolge der Bauabschnitte spielte die Verkehrsnachfrage eine geringere Rolle als arbeitsmarktpolitische Überlegungen und die Einflussnahme einzelner Gauleiter. Während der

Bauabschnitt Frankfurt-Darmstadt-Heidelberg aufgrund der technischen Vorarbeiten des HAFRABA-Vereins zuerst fertig gestellt wurde, verdankte der danach eröffnete Abschnitt Elbing-Königsberg im verkehrsarmen Ostpreußen seine schnelle Fertigstellung dem Drängen des Gauleiters Erich Koch. Ungeachtet der motorisierungsfreundlichen Steuerpolitik und der Fortschritte einzelner Unternehmen (wie Opel) bei der Massenfertigung preiswerter Kleinwagen blieb die private Motorisierung auch weiterhin hinter Großbritannien und Frankreich zurück. Der Autobahnbau gab der Motorisierung keine wesentlichen Wachstumsimpulse, da der Straßenverkehr noch überwiegend Nahverkehr war. Auch erreichten die Ausgaben für Ausbau, Unterhaltung und Instandsetzung der Reichs-, Landes-, Kreis- und Gemeindestraßen erst 1937 wieder das Niveau der Vor-Depressionszeit. Der Ausbauzustand der Reichs- und Landstraßen verbesserte sich in den dreißiger Jahren nur unwesentlich. Länder, Provinzen und Gemeinden litten nicht nur unter den unzureichenden Zuschüssen des Reiches für Ausbau und Unterhaltung, sondern auch an der Sperrung des Kapitalmarktes für Landesanleihen und Kommunalobligationen. Der Autobahnbau war der Entwicklung der Motorisierung um circa zwei Jahrzehnte voraus und machte sich erst mit dem Beginn der Massenmotorisierung Ende der fünfziger Jahre volkswirtschaftlich und verkehrswirtschaftlich bezahlt.

Motorisierungsimpulse durch Autobahnbau

Allen zählebigen Legenden zum Trotz ging die Idee zum Bau eines „Volkswagens" ursprünglich nicht von Hitler aus. Er griff im März 1934 auf ein Exposé des Automobilkonstrukteurs Ferdinand Porsche und auf Überlegungen des Reichsverkehrsministeriums für ein Volksauto zurück. Um nicht von dirigistischen Eingriffen der Reichsregierung überrascht zu werden, nahm der Reichsverband der Automobilindustrie (RDA) Hitlers Aufforderung an die Autoindustrie bereitwillig auf. Der RDA beauftragte Porsche mit dem Entwurf eines Volkswagens, der eine Selbstkostengrenze von 900 RM nicht überschreiten sollte. Porsche erfüllte mit seinem Prototyp des Volkswagens die technischen Anforderungen an Fassungsvermögen, Treibstoffverbrauch, Motorleistung und Zuverlässigkeit, blieb aber mit einem kalkulierten Verkaufspreis von 1400 RM deutlich über der Preisvorgabe. Porsche hatte damit unfreiwillig den Standpunkt des RDA bestätigt, dass das Konzept eines Volkswagens mit einem Verkaufspreis von 1000 RM nicht zu realisieren war. Um sein gefährdetes Volkswagenprojekt zu retten, nahm Porsche hinter dem Rücken des RDA Kontakt mit Hitler auf, der sich ad hoc für die Gründung einer eigenständigen Volkswagenfabrik ohne Beteiligung der Autoindustrie entschied. Die Führung der Deutschen Arbeitsfront (DAF) bemühte sich im Januar/Februar

Entstehung des Volkswagens

Volkswagen – politsche Ambitionen und Wirklichkeit

1937 erfolgreich um Hitlers Auftrag für die Realisierung des Volkswagenprojektes. Arbeitsfrontführer Robert Ley ließ sich dabei nicht allein von der propagandistischen Überlegung leiten, dem DAF-Freizeitwerk KdF (Kraft durch Freude) ein weiteres Element einer totalitären und pseudoegalitären Wohlfahrtspolitik hinzuzufügen. Das Volkswagenwerk sollte zugleich als industrielle Erweiterung des Banken- und Versicherungskomplexes der DAF (Bank der Deutschen Arbeit, Volksfürsorge) dienen, das aus dem beschlagnahmten Vermögen des Allgemeinen Deutschen Gewerkschaftsbundes (ADGB) entstanden war. Ley ließ sich von der Vision eines gemeinwirtschaftlichen Wirtschaftsimperiums leiten. Obwohl das hochmoderne Volkswagenwerk in Wolfsburg noch während des Krieges fertig gestellt wurde, konnte infolge der Umstellung auf Kriegsproduktion kein einziges Auto an einen der 340000 Inhaber eines Volkswagen-Sparvertrages ausgeliefert werden. Doch auch ohne den Kriegsausbruch wäre das Ziel eines Volkswagens zum Preis von 1000 RM nicht mehr als eine propagandistische Versprechung geblieben. Nach den Kalkulationen des Volkswagenwerks wäre die geplante Produktion von jährlich 250000 Fahrzeugen nur zu einem Preis von über 2000 RM kostendeckend gewesen, einem Preis, bei dem die Mehrzahl der Käufer von ihrem Vertrag zurückgetreten wäre. Der populäre Traum von einem erschwinglichen Auto für breitere Bevölkerungskreise sollte erst in der Wohlstandsgesellschaft der frühen sechziger Jahre konkrete Gestalt annehmen.

2.3 Die Binnenschifffahrt

Die Regulierung der Binnenschifffahrtstarife blieb auch über die Machtergreifung der Nationalsozialisten hinaus erhalten. Die großen Kanalbauprojekte wie der Mittellandkanal, der Oderkanal (vom Oberschlesischen Industrierevier zur Oder bei Cosel) und die Kanalisierung von Main und Neckar wurden weitergeführt, erhielten aber im Gegensatz zum Autobahnbau keine besondere Prioritätsstellung in der nationalsozialistischen Arbeitsbeschaffungspolitik. Aufgrund der zunehmenden Kapazitätsengpässe der Reichsbahn spielte der Mittellandkanal jedoch eine entscheidende Rolle bei der Standortwahl für das Volkswagenwerk in Wolfsburg und die Hermann-Göring-Hüttenwerke in Salzgitter. Mit der Annexion von Böhmen und Mähren wurde auch die Planung für einen Oder-Donau-Kanal zwischen Oberschlesien und Wien wieder aktuell. Der geplante Oder-Donau-Kanal war ein Element der nationalsozialistischen Planungen für einen Großwirtschaftsraum, in dem der Tschechoslowakei, Polen, Ungarn und den Balkanstaaten der Status von wirtschaftlichen und politischen Satellitenstaaten zugedacht war.

Binnenschifffahrt und Kriegswirtschaft

Auch für die Binnenschifffahrt trifft der Befund zu, dass die Koordination der Transportplanung mit der Rüstungsplanung zumindest bis 1942 nur unzureichend gelang. Als Konsequenz aus der Transportkrise wurde die Binnenschifffahrt ab 1942 zunehmend als Ersatztransportmittel für die überlastete Reichsbahn eingesetzt. Da sich der Schiffsverkehr auf dem Rhein wegen des Ausfalls von Überseeimporten erheblich verringerte, wurden Teile der Rheinflotte auf die Elbe, die Oder und auf das mitteldeutsche Kanalnetz verlagert. Auch die Bedeutung der Donauschifffahrt erhöhte sich im Zuge der nationalsozialistischen Großraumwirtschaft und des Aufbaus der österreichischen Schwerindustrie.

2.4 Der Handel

antisemitische Säuberung der Warenhauskonzerne

Die Warenhäuser waren für die radikalisierten nationalsozialistischen Mittelstandspolitiker der Inbegriff einer vermeintlichen Herrschaft des „raffenden" jüdischen Kapitals. Seit den Anfängen der Weimarer Republik dominierten in der Agitation der völkischen Mittelstandspolitiker gegen die Warenhäuser antisemitische Motive. Die Forderung des 25-Punkte-Programms der NSDAP nach der Zerschlagung der Warenhausunternehmen und ihrer Verpachtung an mittelständische Einzelhändler wurde ebenso stark von genuin rassenantisemitischen wie von rein wirtschaftlichen Interessen bestimmt. Die nationalsozialistische Identifizierung von Warenhäusern mit „jüdischer Herrschaft" wurde durch den hohen Anteil jüdischer Unternehmer und Spitzenmanager in diesem Branchensegment beeinflusst. Nur in einem der fünf großen Warenhauskonzerne (dem Karstadt-Konzern) war die Mehrzahl der Vorstandsmitglieder nichtjüdischer Herkunft. Eine größere Zahl der radikalisierten mittelständischen NS-Aktivisten identifizierte Kaufhäuser und Einheitspreisgeschäfte grundsätzlich als „jüdische" Institutionen, so dass selbst die Kaufhäuser und Einheitspreisgeschäfte des Karstadt-Konzerns im Februar und März 1933 Opfer organisierter Boykottaktionen wurden. Die nichtjüdischen Vorstandsmitglieder und Aufsichtsräte der Karstadt AG wichen einer Konfrontation mit der NSDAP aus und reagierten auf die angekündigte Boykottaktion der NSDAP mit der sofortigen Entlassung aller jüdischen Vorstandsmitglieder, Aufsichtsräte und Direktoren. Die Karstadt AG opferte ihre jüdischen Mitarbeiter dem ungestörten Geschäft und dem Einvernehmen mit Regierung und NSDAP.

arbeitsmarktpolitischer Pragmatismus rettet Warenhäuser

Wegen der herausgehobenen Bedeutung der Warenhäuser als Arbeitgeber im Dienstleistungssektor und als Auftraggeber der Konsumgüterindustrie mussten die Hoffnungen der nationalsozialistischen Mittelstandspolitiker auf eine Liquidierung der Warenhausunternehmen nach der „Machtergreifung" unerfüllt bleiben. Das Reichswirtschaftsministerium gab zwar dem Drängen der rassenantisemitischen NS-Aktivisten nach und drängte auf die beschleunigte „Arisierung" des exponierten Tietz-Konzerns. Aus arbeitsmarktpolitischen Gründen und zur Vermeidung von Anschlusskonkursen wurden der Tietz-Konzern und die Rudolph Karstadt AG durch Darlehen des Reiches vor einem Konkurs bewahrt. Während das Reichswirtschaftsministerium eine Liquidierung der Warenhauskonzerne oder eine prohibitiv hohe Steuerbelastung aus preispolitischen und konjunkturpolitischen Gründen kategorisch und mit Erfolg ablehnte, mobilisierten die in der NSBO (NS-Betriebszellenorganisation) organisierten Kaufhausbelegschaften die Gegenwehr des neuen Mittelstandes (der Angestellten) gegen die sozialprotektionistischen Interessen des alten Mittelstandes (der Einzelhändler).

Die Geschäftsführungen der sozialdemokratischen und der katholischen Konsumvereine hofften am Anfang der nationalsozialistischen Herrschaft vergeblich, als Gegenleistung für ihre politische Neutralität von der Gleichschaltung verschont zu werden. Parallel zur Auflösung der Gewerkschaften am 2. Mai 1933 setzte die Deutsche Arbeitsfront (DAF) die Leitung des Zentralverbands der Konsumgenossenschaft ab. Robert Ley, der Führer der DAF, setzte an der Stelle der sozialdemokratischen Leitung einen Vertrauten als „Reichsbeauftragten für die Konsumgenossenschaften" ein. Der radikale nationalsozialistische „Kampfbund für den gewerblichen Mittelstand" versuchte vergeblich, die organisatorische Zerschlagung der Arbeiterbewegung für die Liquidierung der Konsumgenossenschaften auszunutzen. Der „Kampfbund" scheiterte am Widerstand von Ley, der die Konsumgenossenschaften genauso wie die gewerkschaftseigenen Unternehmen der DAF angliedern wollte. Um die pseudorevolutionären Eingriffe nationalsozialistischer Mittelstandskommissare in die Wirtschaft zu einem Ende zu bringen, enthob Göring die Führung des „Kampfbunds" Anfang Juli 1933 ihrer Ämter. Der vorläufige Schutz der Konsumgenossenschaften vor ihrer Liquidierung diente zunächst dem Ziel, Unruhe in der Arbeiterschaft als Folge von Preissteigerungen und Entlassungen zu verhindern. Aus demselben Grund entschied sich das Reichskabinett im April 1933 für die Unterstützung konkursgefährdeter Genossenschaften mit Kreditbürgschaften. Der sozialdemokratische Genossenschaftsverband

DAF gegen NS-Mittelstandsaktivisten

und der katholische Zentralverband der Konsumgenossenschaften wurden auf Leys Weisung im August 1933 zum „Reichsverband deutscher Konsumgenossenschaften“ unter einem nationalsozialistischen Präsidenten und einem gleichgeschalteten Aufsichtsrat fusioniert.

Gleichschaltung der Konsumgenossenschaften

Die Führung der DAF löste den Konflikt zwischen den wirtschaftlichen Bedürfnissen der proletarischen NS-Anhänger und den Geschäfts- und Karriereinteressen nationalsozialistischer Funktionäre zumindest teilweise. Um die wirtschaftliche Attraktivität der Konsumgenossenschaften gegenüber dem mittelständischen Einzelhandel zu vermindern und ihre Eigenkapitalbildung zu verbessern, wurde die Rückvergütung für Mitglieder auf 3% des Umsatzes beschränkt. Die überwiegend sozialdemokratischen Geschäftsführer wurden durch Nationalsozialisten ersetzt. Unter dem Vorwand der kriegswirtschaftlichen Rationalisierung setzte Ley im Jahre 1941 seinen lang gehegten Plan um, das Vermögen der Konsumgenossenschaften einschließlich der Genossenschaftszentralen auf die DAF zu übertragen. Die Mitglieder der Genossenschaften wurden für ihre Geschäftsanteile abgefunden und die Genossenschaften liquidiert.

Wirtschaftsgesetzgebung und Warenhäuser

Es war den radikalen nationalsozialistischen Mittelständlern lediglich gelungen, einen kleineren Teil ihrer sozialprotektionistischen Forderungen durchzusetzen. Das 1933 erlassene „Gesetz zum Schutz des deutschen Einzelhandels“ verhängte zunächst einen generellen Gründungs- und Erweiterungsstopp für jede Art von Einzelhandelsgeschäft, der jedoch im Juli 1934 durch eine Konzessionspflicht ersetzt wurde. Da die Konzessionierung neuer Warenhäuser und Einheitspreisgeschäfte an eine Prüfung durch die eher warenhausfeindlichen Landesbehörden gekoppelt war, wurden neue Konzessionen in der Regel nicht erteilt. Das Einzelhandelsschutzgesetz baute auf eine bereits 1932 erlassene Notverordnung für einen Erweiterungsstopp für Einheitspreisgeschäfte auf und war daher keine originär nationalsozialistische Erfindung. Größere Auswirkungen hatte hingegen das Rabattgesetz, das sowohl die Rabatte des Einzelhandels an die Verbraucher als auch die Mengenrabatte der Lieferanten an den Einzelhandel beschränkte und damit die Wettbewerbsvorteile der Kaufhäuser und Kettengeschäfte verminderte. Die Forderungen der Hauptgemeinschaft des Deutschen Einzelhandels (HDE) nach Einführung einer prohibitiven und reichseinheitlichen Warenhaus-Umsatzsteuer wurden jedoch vom Reichswirtschaftsministerium abgelehnt. Die Länder erhielten lediglich die Befugnis, die bisherigen Landessteuern für Warenhäuser zu verdoppeln. Das preußische Wirtschaftsministerium, das seit 1933 durch Personalunion und ab 1934 auch in Realunion mit dem tendenziell warenhausfreundlichen Reichswirtschaftsministerium verbunden war, machte von dieser Möglichkeit keinen Gebrauch. Auch das Verbot, Dienstleistungseinrichtungen und Restaurationsbetriebe in Kaufhäusern zu betreiben, beeinträchtigte die Wettbewerbslage der Kaufhäuser kaum. Frisiersalons, Restaurants und andere Einrichtungen wurden an mittelständische Gewerbetreibende verpachtet.

antisemitische Boykotte und „Arisierungen"

Kaufhäuser und mittelständische Einzelhandelsgeschäfte in jüdischem Eigentum litten trotz eines förmlichen, vom Reichswirtschaftsminister ausgesprochenen Diskriminierungsverbots unter den offenen und den „stillen" Boykottaktionen durch die Ortsgruppenleitungen und Gauleitungen der NSDAP und die nazifizierten Stadtverwaltungen. Das „Repertoire" der antisemitischen Diskriminierung reichte von dem Verbot für Angehörige des öffentlichen Dienstes, in jüdischen Geschäften zu kaufen, bis hin zu Annoncensperren durch die gleichgeschaltete Presse und vermeintlich „spontanen" Belästigungen der Kundschaft durch die SA. Vor allem in kleineren Städten mit ihrer intensiveren sozialen Kontrolle litten jüdische Geschäfte unter dem Ausbleiben eines Teiles ihrer Stammkundschaft. Sie waren ab 1935 zunehmend gezwungen, ihre Geschäfte zu liquidieren oder unter dem steigenden Druck zur Auswanderung erheblich unter ihrem Verkehrswert zu verkaufen. Nicht wenige prominente Kaufhausunternehmer der Nachkriegszeit wie beispielsweise Helmut Horten nutzten die Notlage der jüdischen Eigentümer zu ihrem Vorteil aus. Sie bauten ihre unternehmerische Karriere auf Gewinne aus dem Ertragswert eines jüdischen Kaufhauses auf, das sie erheblich unter Wert erworben hatten. Wurde das Tempo der „Arisierung" bis 1937 noch wesentlich von den örtlichen Stellen der NSDAP und den Gauleitungen bestimmt, gab ab Anfang 1938 das Reichswirtschaftsministerium zunehmend die Geschwindigkeit, die Intensität und die Durchführung der Arisierungen vor.

3. Deutschland seit 1945

3.1 *Die Eisenbahn*

materielle Kriegszerstörungen der Bahn

In den westlichen Besatzungszonen lagen zum Ende des Krieges ca. 15% des gesamten materiellen Anlagevermögens der Bahn in Trümmern. Die Wiederherstellung des Verkehrs wurde vor allem durch die Zerstörung zahlreicher Eisenbahnbrücken behindert, die kurz vor Kriegsende militärisch sinnlosen Vernichtungsbefehlen zum Opfer gefallen waren. Obwohl der Wiederaufbau der Brücken in der Bizone erhebliche Fortschritte machte und mit alliierter Hilfe bis Ende 1947 fast 90% aller Brücken zumindest provisorisch wiederhergestellt waren, zog sich die Normalisierung des Güter- und des Personenverkehrs bis in den Sommer 1948 hin. Zahlreiche Ausbesserungswerke, Lokomotivfabriken und Bahnbetriebswerke für Lokomotiven waren beschädigt oder zerstört, so dass schadhafte Lokomotiven zunächst nicht repariert und vor Frostschäden geschützt werden konnten. Der Mangel an betriebsfähigen Loks führte im extrem kalten Nachkriegswinter 1946/47 fast zum Zusammenbruch des Eisenbahnverkehrs, zumindest aber zu lebensgefährlichen Rückständen beim Transport von Kohle und Nahrungsmitteln. Erst unter dem Eindruck der Transportkrise erteilte der Wirtschaftsrat der Bizone der Eisenbahn im Frühjahr 1947 Vorrang bei der Zuteilung von Stahl und Baustoffen, um wichtige Betriebsanlagen schneller instand setzen zu können.

Transportkrise der Nachkriegszeit

Die völlige Überlastung der wenigen noch verkehrenden Personenzüge um bis zu 200% zeigte sich eindrücklich in Bildern, in denen verzweifelte „Fahrgäste“ nur noch auf Dächern, Trittbrettern und Puffern einen ebenso ungeschützten wie gefährlichen Platz fanden. Die dramatische Überfüllung insbesondere der wenigen Fernzüge war nicht allein der viel zu geringen Zahl der Personenzüge und dem Vorrang des Güterverkehrs geschuldet, sondern auch dem Hunger und der gewaltsamen Trennung und Umsiedlung von Millionen Menschen in Deutschland. Die größte Zahl der Fahrgäste reiste nicht aus freien Stücken, sondern war auf der Jagd nach zusätzlichen Nahrungsmitteln, auf dem Rückweg aus der Kriegsgefangenschaft, auf der Suche nach Angehörigen oder auf dem Weg in eine neue, zunächst noch als Provisorium gedachte Heimat.

Normalisierung nach Währungsreform

Mit der Währungsreform am 20. Juni 1948 änderte sich schlagartig das Bild. Der erhebliche Rückgang im Personenverkehr war nicht nur auf die Entwertung überschüssiger Kaufkraft, sondern auch auf die spürbare Verbesserung der Lebensmittelversorgung zurückzuführen, die „Hamsterfahrten“ fortan überflüssig machte. Während 1946 auch eine Verdoppelung der Personentarife – außer im Berufsverkehr – die Nachfrage nicht vermindern konnte, musste die Eisenbahn in den Westzonen die Personentarife im August 1948 sogar um 25% senken, um Fahrgäste zurückzugewinnen. Da die Reparatur von Loks, Waggons und Betriebsanlagen bis zum Sommer 1948 bereits erhebliche Fortschritte gemacht hatte, konnte auch die Zahl der Züge erheblich erhöht werden. Während die Bahn bereits 1950 die Zugfrequenz der Vorkriegszeit im Nahverkehr erreichte, wurden 1951 und 1952 die „friedensmäßigen“ Zugfrequenzen im Eil- und D-Zugverkehr erzielt. Es

materieller Wiederaufbau der DB

sollte noch einige Jahre länger dauern, bis die endgültige Ersetzung kriegszerstörter Brücken die gleichen Reisegeschwindigkeiten wie vor dem Krieg möglich machte. Auch im Güterverkehr konnte die Eisenbahn ab dem Herbst 1948 den steigenden Verkehrsbedarf ohne größere Schwierigkeiten decken. Die Bahn in den Westzonen erhielt von der westalliierten JEIA (Joint Export-Import Agency) Mittel aus den deutschen Exporteinnahmen für den Import von 15000 Güterwagen aus Belgien, Italien und der Tschechoslowakei. Sie profitierte jedoch nur im geringeren Maße von den Zuweisungen des Marshallplans und den Krediten aus dem deutschen Marshallplan-Vermögen (ERP counterpart funds).

personelle Kontinuität und Reorganisation

Waren die Arbeitsbedingungen und die Betriebsverhältnisse alles andere als normal, so war die Personalpolitik der Nachkriegsjahre durch eine ungewöhnliche Kontinuität geprägt. Lediglich Dorpmüllers Stellvertreter Ganzenmüller hatte wegen seiner Mitverantwortung für die Deportation der europäischen Juden in die Vernichtungslager die Flucht nach Argentinien angetreten, kehrte aber 1954 unbeschadet nach Deutschland zurück. Dorpmüller wurde im Gegensatz zu seinen Ministerkollegen in der Regierung Dönitz nicht verhaftet, sondern auf Wunsch des amerikanisch-britischen Oberkommandos ins Hauptquartier nach Reims gebracht, wo ihm die Leitung der Reichsbahn angetragen wurde. Nicht nur sein Tod am 5. Juli 1945 hinderte ihn daran, dieses Amt anzutreten. Der Beschluss der Potsdamer Konferenz, eine gemeinsame Verkehrsverwaltung für Deutschland einzurichten, scheiterte am Veto der französischen Vertreter im Kontrollrat. Somit blieb es bei der Einrichtung getrennter Reichsbahn-Oberbetriebsleitungen für die britische und die amerikanische Zone, an deren Spitze hochrangige Eisenbahnbeamte der früheren Reichsbahn-Hauptverwaltung standen. Einen etwas anderen Weg nahm die Eisenbahnverwaltung in der französischen Zone. Entsprechend den Grundsätzen der französischen Deutschlandpolitik fehlte im Namen der Eisenbahnverwaltung („Deutsche Eisenbahnen in der französisch besetzten Zone") jeder Bezug auf das Reich und die Reichseinheit, die grundsätzlich abgelehnt wurde. Die führenden Eisenbahner der Westzonen hielten aber weiterhin am Ziel einer gemeinsamen Eisenbahnverwaltung fest, die für die amerikanische und die britische Zone bereits zum 1. Oktober 1946 und damit drei Monate vor der Gründung der Bizone verwirklicht wurde. Während die Französische Besatzungsmacht das Eisenbahnvermögen auf die Länder übertragen wollte, was die Landtage von Rheinland-Pfalz und Württemberg-Hohenzollern jedoch ablehnten, blieb das Eisenbahnvermögen der Bizone de jure weiterhin Reichseigentum. Ein Vorstoß der Bayerischen Staatsregierung für eine Föderalisierung des Eisenbahnwesens scheiterte nicht nur am Widerspruch der übrigen Landesregierungen in der amerikanischen Zone, sondern auch am ungebrochenen Selbstverständnis der zonalen Eisenbahnverwaltung, weiterhin ein Teil der Reichseisenbahn zu sein.

eingeschränkte Entnazifizierung

Die leitenden Eisenbahnbeamten der Westzonen hatten zuvor schon in vergleichbaren Positionen dem Reich gedient. Obwohl die Entnazifizierungsgesetze der Militärregierungen de jure die Suspendierung ehemaliger Nationalsozialisten erzwangen, wurde die große Mehrzahl des Reichsbahnpersonals bis zum Abschluss der Entnazifizierung zunächst einstweilen und dann auf Dauer weiterbeschäftigt. Für die sehr nachsichtige Entnazifizierung war nicht nur die Tatsache verantwortlich, dass die gehobenen und höheren Beamten wegen ihrer speziellen beruflichen und akademischen Qualifikationen allenfalls auf längere Frist ersetzbar waren. Die Eisenbahnoffiziere der Westmächte waren gegenüber den deutschen Eisenbahnern eher positiv voreingenommen und hatten vor der professionellen Qualifikation ihrer deutschen Kollegen erheblichen Respekt.

Gründung der DB – kein Zurück zur Autonomie

Im Juli 1948, unmittelbar nach der „Frankfurter Erklärung“ der Alliierten Militärgouverneure für die Gründung eines westdeutschen Staates, begann die bizonale „Verwaltung für Verkehr“ (die Vorläuferin des Bundesverkehrsministeriums) mit den Vorarbeiten für das spätere Bundesbahngesetz. Die Verwaltung für Verkehr, die Hauptverwaltung der Bizonen-Eisenbahn und die Mitglieder des Parlamentarischen Rates waren sich weit gehend darin einig, die Eisenbahn nicht als ein selbstständiges Wirtschaftsunternehmen, sondern als eine öffentliche Verwaltung in Gestalt eines bundeseigenen Sondervermögens zu führen. Die Debatte über die Autonomie bzw. die Regierungsnähe der zukünftigen Bundesbahn war noch von der Rezeption (oder besser: Fehlrezeption) der Reichsbahnautonomie durch die politische Öffentlichkeit der Vorkriegszeit geprägt. Ein Gegenentwurf des nordrhein-westfälischen Wirtschafts- und Verkehrsministeriums für eine größere Autonomie der Bundesbahn scheiterte nicht nur am erklärten Willen des Bundestages und des Bundesverkehrsministeriums (BMV), die Bahn als einen gemeinwirtschaftlichen Betrieb im öffentlichen Auftrag zu führen und eng an die verkehrspolitischen Leitlinien der Bundesregierung zu binden. Im politischen Klima der Nachkriegszeit mit den sehr intensiven Debatten um die Sozialisierung der Schlüsselindustrien und die Entflechtung monopolartiger Konzerne hatten Initiativen für eine autonome Bundesbahn kaum Realisierungschancen. Wie in den zwanziger Jahren wurde die Autonomisierung der Bahn als ein Konzept zur

Privatisierung missverstanden. Die Bundesbahn blieb ein Sondervermögen des Bundes. Das 1951 verabschiedete Bundesbahngesetz schränkte die Unabhängigkeit der Bundesbahnführung von der Ministerialbürokratie durch umfassende Eingriffs- und Weisungsrechte des Bundesverkehrsminsters erheblich ein.

Die Bundesbahn bezifferte die Gesamthöhe der Kriegsschäden an Fahrweg, Gebäuden, Brücken und Fahrzeugen auf 2,5 Milliarden DM nach dem Preisstand von 1950. Dank der sehr hohen Einnahmen im Personenverkehr war es der Bahn in den Westzonen bis zur Währungsreform gelungen, die laufenden, teils provisorischen, teils dauerhaften Instandsetzungsarbeiten aus eigenen Mitteln zu finanzieren. Da die Preise für Kohle, Stahl und Industriewaren wie auch die Löhne den Tariferhöhungen im Güterverkehr und im Personenverkehr „davonliefen" und das Wachstum des Güterverkehrs nicht den Rückgang des Personenverkehrs kompensieren konnte, verzeichnete die Bahn ab 1948 fast kontinuierlich Defizite. Der Wirtschaftsrat der Trizone und die Bundesregierung mussten nicht nur auf die traditionelle Eisenbahnabgabe an den Haushalt verzichten, sondern sogar mit Liquiditätskrediten aushelfen. Für das ständige Defizit war nicht nur die Tatsache verantwortlich, dass die Bundesbahn im Gegensatz zu den meisten westeuropäischen Bahnen ihren Wiederaufbau aus eigenen Mitteln ohne die Hilfe des Staates finanzieren musste.

Wiederaufbau aus eigenen Mitteln

Aufgrund des hohen Arbeitskräftebedarfs der Nachkriegszeit hatte die Bahn den größten Teil der geflohenen und vertriebenen Beamten eingestellt. Obwohl die Bahn die Zahl der Arbeiter nach der Währungsreform durch Entlassungen, Wiederbesetzungssperren und Kurzarbeit um über 50000 reduzierte, bestand Anfang der fünfziger Jahre noch ein Personalüberhang von 50000 überwiegend beamteten Kräften. Einer Entlassung bzw. Frühpensionierung überzähliger Beamter stand nicht nur der Respekt vor den tradierten Rechtsansprüchen der Beamten, sondern auch der Grundgesetzartikel 131 für die Wiedereingliederung „verdrängter" Beamter entgegen. Vorschläge amerikanischer Eisenbahnexperten für eine Personalverminderung um 50000 Köpfe (bzw. um ein Zehntel der insgesamt 520000 Beschäftigten) standen wegen der Rücksicht auf das Dienstrecht und die sozialpolitischen Leitziele der frühen Bundesrepublik nicht ernsthaft zur Debatte.

Überbesetzung durch sozialpolitische Verpflichtungen

Nur im Jahr 1951, auf dem Höhepunkt des „Korea-Booms", konnte die DB in Folge des dadurch induzierten Anstiegs der Stahl- und Investitionsgüterproduktion einen geringen Gewinn von 70 Mio. DM ausweisen. Die Gewinn-und Verlustrechnung der DB gab aufgrund ihrer buchhalterischen Besonderheiten keinen genauen Aufschluss

Probleme der Rechnungslegung

über das wirkliche Wirtschaftsergebnis. Die kameralistische Buchführung der Bahn orientierte sich nicht an den tatsächlichen Instandhaltungsaufwendungen und Abschreibungsaufwendungen, sondern an technisch und wirtschaftlich überholten Sollwerten, die tendenziell zu hoch angesetzt waren und daher ein zu hohes Defizit implizierten. Manche kriegszerstörte Bauwerke wie die Rheinbrücken von Bingen, Remagen und Wesel, die wegen des geringen Verkehrsaufkommens nicht mehr für den Wiederaufbau vorgesehen waren, wurden erst mit Verzögerung aus dem Anlagevermögen ausgebucht. Eine unbestreitbar große Belastung von jährlich über 300 Mio. DM ergab sich aus den Pensionsverpflichtungen für geflohene und vertriebene Eisenbahner sowie für Witwen, Waisen und Kriegsversehrte. Die DB, die erst ab 1957 dieser Kriegsfolgelasten enthoben wurde, trug objektiv die Aufgaben einer sozialpolitischen Reservekasse des Bundes. Ohne die betriebsfremden Soziallasten hätte die DB bis 1957 ausgeglichene oder sogar positive Wirtschaftsergebnisse erzielt.

zunehmende Abhängigkeit vom Bund

Aufgrund der betriebsfremden Sozialverpflichtungen geriet die DB in zunehmende finanzielle Abhängigkeit von Darlehen des Bundes. Die Bundesregierung rettete die DB durch die Umwandlung von rückständigen Abführungen der Beförderungssteuer in Darlehen vor der Illiquidität, belastete damit aber die Vermögensrechnung der Bahn. Erst 1960 entschuldete die Bundesregierung die Bundesbahn teilweise dadurch, dass sie die aufgelaufenen Darlehensschulden der Bahn nachträglich mit den Aufwendungen der Bahn für die betriebsfremden Soziallasten verrechnete. Obwohl die Bundesbahn während der fünfziger Jahre kontinuierlich in die technische Modernisierung investierte, vor allem in die Elektrifizierung von Strecken sowie in den zunehmenden Einsatz von Elloks und Dieselfahrzeugen, blieb die technische Rationalisierung und Modernisierung mangels Kapital hinter dem technisch Machbaren zurück.Wirtschaftliche Rationalisierungspotenziale durch die beschleunigte Traktionsumstellung und die Modernisierung des Rangierbetriebes mussten zunächst ebenso ungenutzt bleiben wie die technische Rationalisierung des zunehmend defizitären Nebenbahnbetriebs.

Die Ertragslage der Bundesbahn litt auch unter der Politisierung der Tarifpolitik. Von 1948 bis 1958 gestattete das Bundesverkehrsministerium als Aufsichtsbehörde der DB nur eine einzige Tariferhöhung für Einzelfahrkarten und Zeitkarten. So musste die Bundesbahn eine schon 1957 fällige Anpassung der Personentarife an die gestiegenen Personalkosten mit Rücksicht auf die Popularität der Regierung Adenauer und auf die kommenden Bundestagswahlen bis auf das folgende Jahr verschieben.

verzögerte Reaktion auf die Konkurrenzsituation

Die Bundesbahn hielt zu lange an ihrer traditionellen Selbstwahrnehmung (und Fremdwahrnehmung) als Monopolbetrieb fest und reagierte erst mit Verspätung auf die Konkurrenz des Straßengüterverkehrs. Erst ab 1953 trug die Tarifpolitik der zunehmenden Konkurrenz durch den LKW Rechnung und senkte die hohen Tarife für Fertigwarentransporte. Die Hoffnungen der Bundesbahn auf eine wirksame Regulierung der Konkurrenz mit dem LKW erfüllten sich nur teilweise. Bundesverkehrsminister Hans-Christoph Seebohm (Deutsche Partei, ab 1960 CDU) musste 1954 von seinen Plänen Abstand nehmen, die Konkurrenz des LKW-Fernverkehrs durch Transportverbote für Massengüter zu beschränken. Auch die 1955 beschlossene empfindliche Besteuerung des Fernverkehrs mit werkseigenen LKW entfaltete nicht die prohibitive Wirkung, die sich das BMV und die DB erhofft hatten. Ein unabhängiges Expertengutachten über die Sanierung der Bundesbahn („Ottmann-Gutachten"), das 1954/55 auf Druck des Bundestags-Verkehrsausschusses erstellt wurde, blieb Verschlusssache. Während die Bundesbahn auf die Geheimhaltung der Angaben zur Produktivität und zu den Rationalisierungspotenzialen bestand, lehnte Seebohm die Schlussfolgerungen des Gutachtens ab, dass die Bahn nur durch die Befreiung von den betriebsfremden Lasten und von den gemeinwirtschaftlichen Verpflichtungen saniert werden könne. Erst nach der Bundestagswahl 1957 lockerte der neue Bundesfinanzminister die strikte Sparpolitik und entlastete die DB von den Soziallasten für Kriegsopfer und für vertriebene Beamte.

Als die DB im Geschäftsjahr 1958 infolge eines konjunkturellen Einbruchs in der Grundstoffindustrie einen Jahresverlust von über 600 Mio. DM verbuchte, wurde der verkehrspolitische Handlungsbedarf offenkundig. Die Anhänger einer stärker wettbewerbsorientierten Verkehrspolitik um den CDU-Bundestagsabgeordneten Ernst Müller-Hermann setzten die Einberufung einer Expertenkommission („Brand-Kommission") durch, die ein Konzept für die Sanierung und Rationalisierung der Bundesbahn entwerfen sollte. Während sich der neue Bundesbahnvorstand unter Leitung seines Präsidenten Heinz Maria Oeftering gegenüber Rationalisierungsplänen offener als zuvor zeigte, blockierte nun die ausgesprochen konservative Grundsatzabteilung des Verkehrsministeriums eine marktwirtschaftliche Neudefinition des Unternehmensziels. Die „kleine Verkehrsreform" von 1961 blieb deutlich hinter den Erwartungen der Bundesbahn zurück. Der Widerspruch zwischen der Führung der Bundesbahn nach kaufmännischen Grundsätzen und der Verpflichtung zur Erfüllung gemeinwirtschaftlicher Aufgaben blieb ebenso ungelöst wie das Problem der einseitigen gemeinwirt-

„kleine Verkehrsreform" 1961

schaftlichen Belastungen, welche die Bahn zu tragen hatte. Der Bund verrechnete zwar die aufgelaufenen betriebsfremden Belastungen der vergangenen zehn Jahre mit den Darlehensverbindlichkeiten der Bundesbahn gegenüber dem Bund und befreite damit die Bahn von einem Teil ihrer Verbindlichkeiten. Er übernahm aber nicht die Verluste aus gemeinwirtschaftlichen defizitären Verkehrsleitungen wie den Sozialtarifen im Berufsverkehr und der Aufrechterhaltung unrentabler Nebenbahnen. Obwohl die DB die Tarife im defizitären Berufsverkehr mit Genehmigung des Bundes von 1958 bis 1961 in mehreren Schüben erhöht hatte, deckten die Fahrgeldeinnahmen des Nahverkehrs auch weiterhin nur die Hälfte der Kosten. Aufgrund der zunehmenden Konkurrenz des LKW-Fernverkehrs erwies sich auch die traditionelle Quersubventionierung des Personennahverkehrs durch die Überschüsse aus dem Wagenladungsverkehr als wettbewerbspolitisch problematisch. Auch wenn die DB ihre Gütertarife schrittweise an die Kostenstrukturen anpasste, so stellte der Zwang zur Quersubventionierung ein nicht unerhebliches Handicap im Wettbewerb mit dem Straßenverkehr dar. Im Gegensatz zu den westeuropäischen Nachbarstaaten konnte sich die Bundesregierung auch weiterhin nicht entschließen, nachträglich die Aufwendungen für den Wiederaufbau kriegszerstörter Anlagen zu übernehmen.

Trotz der fehlenden finanziellen Wiederaufbauhilfen des Bundes konnte die DB ihr Gleisnetz und ihren Lokomotiv- und Wagenpark in den fünfziger Jahren kontinuierlich modernisieren. Erst zum Ende der fünfziger Jahre hatte die DB die Rückstände in der Streckenunterhaltung aufgeholt und alle kriegs- und nachkriegsbedingten Langsamfahrstellen beseitigt. Doch obwohl die Bundesländer die Elektrifizierung der Hauptstrecken mit erheblichen Darlehenssummen förderten und bis zu 500 km Strecke pro Jahr elektrifiziert wurden, lag die DB bei der Umstellung vom Dampflokbetrieb auf die elektrische Traktion und die Dieseltraktion bis in die sechziger Jahre hinter den westeuropäischen Nachbarstaaten zurück. Erst 1977, bis zu zehn Jahre später als bei den benachbarten westeuropäischen Staatsbahnen, verschwanden die letzten Dampfloks aus dem regulären Betrieb der DB. Mit der Einführung dieselgetriebener Schienenbusse im Nebenstreckenverkehr erzielte die DB ab 1952 erhebliche Rationalisierungserfolge, die jedoch durch die steigenden Unterhaltungskosten für den Schienenweg wieder aufgezehrt wurden.

technische Modernisierung im Rückstand

Während der Wagenpark für Fernzüge an zeitgemäße Ansprüche bei Komfort und Geschwindigkeit angepasst wurde, konnten die Nahverkehrswagen mangels Investitionsmitteln nicht nach dem neuesten

Stand der Technik modernisiert werden. Erst ab 1960 wurden mit den „Silberlingen" im nennenswerten Umfang neue Wagen für Nahverkehrszüge beschafft. Die dieselgetriebenen Triebwagengarnituren für den internationalen TEE-Verkehr erfüllten zwar die höchsten Komfortansprüche des Geschäftsreiseverkehrs, mussten sich aber gegen die zunehmende Konkurrenz des Flugverkehrs und des PKW behaupten. Für Familien waren Fahrten in den TEE-Zügen, die nur die 1. Klasse führten, zu teuer.

Wegen fehlender Investitionsmittel blieb auch die Zentralisierung der Rangierbahnhöfe zunächst hinter den technischen Möglichkeiten zurück. Das Problem der unwirtschaftlichen Überkapazitäten in der Fahrzeugausbesserung ließ sich hingegen auf politische Ursachen zurückführen. Entsprechend dem Bundesbahngesetz konnten die Länder Einspruch gegen die Schließung von Ausbesserungswerken erheben. Obwohl seit den späten fünfziger Jahren Vollbeschäftigung auf dem Arbeitsmarkt herrschte und die Stilllegung von Ausbesserungswerken in der Regel keine negativen Auswirkungen auf den Arbeitsmarkt hatte, verzögerten die Länder die Rationalisierung des Werkstättenwesens. Weitere Rationalisierungspotenziale blieben ungenutzt, weil der Beamtenapparat der DB eine Reform der Verwaltungsgliederung durch die Verschlankung des Stellenkegels mit Rücksicht auf die eigenen Karriereaussichten erfolgreich verzögerte.

Rationalisierung des Schienennetzes

In den Jahren nach 1961 zeigte sich, dass die Entlastung von den betriebsfremden Verpflichtungen nicht ausreichte, um die DB auf Dauer aus der Verlustzone herauszuführen. Aufgrund der zunehmenden Konkurrenz durch den individuellen Autoverkehr und den Omnibus stagnierten die Fahrgeldeinnahmen im Berufsverkehr, während sich die Kosten in Folge der hohen Lohnintensität stetig erhöhten. Da die Bundesregierung auch weiterhin nur einen kleinen Teil der laufenden Defizite deckte, hatte der Bundesbahnvorstand im Oktober 1964 keine andere Wahl, als mit einem spektakulären Rationalisierungskonzept an die Öffentlichkeit zu treten. Der Plan, mittelfristig 7000 bis 8000 km (ein Viertel des Gesamtnetzes) für den Personenverkehr stillzulegen, rüttelte die Öffentlichkeit wach. Der Sanierungsplan stand im offenen Widerspruch zum raumordnungspolitischen Ziel der Bundesregierung, eine „Entleerung" ländlicher und peripherer Regionen durch eine verbesserte Verkehrserschließung aufzuhalten. Obwohl die Bundesregierung die geplanten Streckenstilllegungen im Grenzgebiet zur DDR aus deutschlandpolitischen Gründen zunächst stoppte, wurde eine Reduzierung des Nebenbahnnetzes angesichts des zunehmenden Defizits – das 1965 zum ersten Male 1000 Mio. DM überschritt – nunmehr unvermeidlich. Bundesverkehrsminister Seebohm ließ ein so genanntes „Bundesbahn-Anpassungsgesetz" entwerfen, welches die Bahn zur Stilllegung von 8000 km Strecke innerhalb eines Zeitraums von fünf Jahren verpflichtet hätte. Das Anpassungsgesetz scheiterte, weil dieses Programm die formellen Einspruchsrechte der Länder gegen Streckenstilllegungen verletzt hätte. Es wurde fast einhellig vom Bundesrat abgelehnt.

Der Bruch der CDU/CSU/FDP-Koalition und die Bildung einer Großen Koalition aus SPD und CDU/CSU stellte eine entscheidende verkehrspolitische Zäsur dar. Zu diesem Zeitpunkt befand sich die DB am Scheitelpunkt einer Rezession, die vor allem die Grundstoffindustrie und damit ein wichtiges Marktsegment der Bahn getroffen hatte. Die zeitweilige Beschäftigungskrise und der erhebliche Transportrückgang der Bahn zwangen die Verkehrspolitik zum Handeln. Die Bundesregierung verabschiedete sofort ein Konjunkturprogramm für öffentliche Investitionen, von dem auch die Bahn profitierte. Der neue Verkehrsminister Georg Leber (SPD) ließ das Anpassungsgesetz in den Aktenordnern des Ministeriums verschwinden und gab stattdessen ein neues verkehrspolitisches Gesamtkonzept in Auftrag. Dieses Konzept, das im September 1967 vorgestellt und nach seinem Protagonisten allgemein „Leber-Plan" genannt wurde, sollte das chronische Defizit der DB überwinden helfen, die Bahn technisch wie organisatorisch modernisieren und die Konkurrenzfähigkeit der Bahn gegenüber dem Straßenverkehr verbessern. Der Kern des „Leber-Plans" war das Konzept, die Wettbewerbsfähigkeit der Bahn mit Investitions- und Rationalisierungshilfen von jährlich 500 Mio. DM in Geschäftsfeldern wie dem Güterverkehr zwischen Knotenpunkten und dem Personenfernverkehr auf Hauptstrecken zu stärken, in denen sie technisch wie wirtschaftlich leistungsfähig genug war, um langfristig mit dem Straßenverkehr zu konkurrieren. Zu den Ausbauplänen gehörte unter anderem das Vorhaben, die Höchstgeschwindigkeit auf Schnellzugstrecken auf 160 km/h zu erhöhen und damit den Geschwindigkeitsvorsprung des PKW zu egalisieren. Die geplante Einsparung von 82 000 Beschäftigten und die Stilllegung von 6500 km Strecke für den Personenverkehr innerhalb eines Zeitraums von fünf Jahren sollte die Wirtschaftlichkeit der Bahn erheblich verbessern.

der „Leber-Plan"

Während sich die Koalitionspartner über die Investitionsförderungen einig waren, scheiterten die Forderungen des verkehrspolitischen Reformflügels in der Unionsfraktion nach einer größeren unternehmerischen Autonomie der DB am Widerspruch der Sozialdemokraten. Während das investitionspolitische Programm des „Leber-Plans" die technische Modernisierung der Bahn erfolgreich förderte, blieben die ordnungspolitischen Probleme des ungleichen Wettbewerbs zwischen Schiene und Straße weit gehend ungelöst. Der Bund erhöhte seine Zuschüsse für die sozialpolitischen Verpflichtungen der Bahn, übernahm aber auch weiterhin nicht die volle finanzielle und politische Verantwortung für Sozialtarife und Pensionslasten.

Ausbau der Nahverkehrsnetze in Großstädten

Unmittelbar nach dem Regierungswechsel im Dezember 1966 verabschiedete der Bundestag ein Steueränderungsgesetz, das die Finanzierung von Investitionen des öffentlichen Nahverkehrs erheblich verbesserte. Bereits Anfang der sechziger Jahre waren Städteplaner in Hamburg, München und in anderen Ballungsräumen zu dem Ergebnis gekommen, dass sich die zunehmende Überlastung der Städte durch den Straßenverkehr nur durch den Bau von Schnellbahnen verhindern ließ. Zu ähnlichen Ergebnissen kam 1964 ein Sachverständigengutachten über die Verbesserung der Verkehrsverhältnisse in den Gemeinden, das der Bundestag bereits 1961 in Auftrag gegeben hatte. Bis 1966 übernahm der Bund finanzielle Verpflichtungen für den Ausbau der Hamburger S-Bahn sowie für den Bau eines S-Bahn-Netzes in München und einer S-Bahn-Linie im Großraum Düsseldorf, ohne dass diese Verpflichtungen langfristig im Haushalt gedeckt waren. Die freidemokratischen Finanzminister Starke und Dahlgrün hatten die Initiative des verkehrspolitischen Sprechers der Unionsfraktion Ernst Müller-Hermann für eine zweckgebundene Mineralölsteuererhöhung um drei Pfennig je Liter Benzin zugunsten kommunaler Verkehrsinvestitionen bislang abgelehnt. Erst die Große Koalition stellte die umfangreichen Investitionspläne der DB und der kommunalen Nahverkehrsunternehmen auf eine zuverlässige finanzielle Grundlage. Zum ersten Mal seit dem Kaiserreich übernahm der Staat wieder eine finanzielle und planerische Mitverantwortung für den Ausbau des Schienennetzes.

1971 verabschiedete die Bundesregierung den Bundesverkehrswegeplan (BVWP) 1971–1985, den ersten langfristigen Plan für den Ausbau des deutschen Fernverkehrsschienennetzes. Im Unterschied zu früheren Planungen des Bundesverkehrsministeriums wurden die Investitionen in das Straßen-, Schienen- und Wasserstraßennetz nicht mehr unabhängig voneinander, sondern in einem abgestimmten Gesamtkonzept geplant. Nach dem Vorbild der japanischen Staatsbahn („Shinkansen") plante die Bundesbahn zwei Hochgeschwindigkeitsstrecken zwischen Hannover und Würzburg bzw. zwischen Mannheim und Stuttgart. Die Neubaustrecken, die für Höchstgeschwindigkeiten von 250 km/h ausgelegt waren, sollten nicht allein die überlasteten Nord-Süd-Strecken entlasten. Die DB verfolgte mit diesen Planungen

Bau von Hochgeschwindigkeitsstrecken

das Ziel, vor allem den Geschäftsreiseverkehr zwischen den Ballungsräumen vom Auto und vom Flugzeug zurückzugewinnen. Weitere Planungen des BVWP 1971–1985 für eine Hochgeschwindigkeitstrasse zwischen Köln und dem Ballungsraum Rhein-Main wurden mangels Investitionsmitteln des Bundes zunächst nicht weiterverfolgt und erst in den späten achtziger Jahren wieder aufgegriffen. Auch die Fertigstellung der Schnellbahnstrecken Hannover-Würzburg und Mannheim-Stuttgart verzögerte sich im Vergleich zum Nachbarland Frankreich erheblich. Während die Schnellbahnstrecke Paris-Lyon bereits 1981 eingeweiht wurde, konnte die DB den Hochgeschwindigkeitsverkehr mit ICE-Zügen auf der Neubaustrecke Hannover-Würzburg erst 1991 aufnehmen. Diese Verzögerung war nicht nur auf die aufwendige Trassenführung durch die deutschen Mittelgebirgslandschaften zurückzuführen, die zahlreiche Brücken und Tunnels erforderte. Die Entscheidung, die Strecken auch für den Güterverkehr zu nutzen, verteuerte die Trassenführung erheblich. Auch die zeitaufwendigen Raumordnungs- und Planfeststellungsverfahren in einem föderalistischen Staat trugen im Vergleich zum Zentralstaat Frankreich zu Verzögerungen bei. Unstimmigkeiten über die Trassenführung – wie beispielsweise über den Anschluss Göttingens – und Einwendungen zahlreicher Bürgerinitiativen verzögerten die Planungsphase nicht unwesentlich. Die Bundesbahn musste der gestiegenen Sensibilität der Öffentlichkeit für Eingriffe in den Naturraum und in die Siedlungslandschaft durch zusätzliche Schutz- und Ausgleichsmaßnahmen Tribut zollen und zahlreiche Änderungswünsche in ihre Planungen einarbeiten.

Rationalisierung der Bundesbahnverwaltung

Unter dem Druck stetig steigender Defizite hatte die Bundesbahn bereits vor dem Regierungswechsel angefangen, ihre Verwaltungsstrukturen zu rationalisieren. Die seit den zwanziger Jahren kaum veränderte Aufgliederung der mittleren Verwaltungsebene in 16 Direktionsbezirke hatte sich nicht nur aufgrund der höheren Reisegeschwindigkeiten und der modernen Telekommunikationstechnik überlebt. Sechs Direktionsbezirke (Augsburg, Kassel, Mainz, Münster, Regensburg und Wuppertal) wurden aufgelöst. Da das Bundesbahngesetz ein förmliches Einspruchsrecht der Länder enthielt, zog sich die Auflösung der Direktionsbezirke bis 1976 hin. Auch die Stilllegung unwirtschaftlicher Nebenstrecken blieb wegen des hinhaltenden Widerstandes der Landesregierungen weit hinter den Zielprojektionen zurück. Das Bundesbahnzentralamt (BZA) Minden, das nach dem Krieg durch die Verlagerung des Reichsbahnzentralamtes Berlin entstanden war, wurde erst in den 1970er Jahren schrittweise mit dem BZA München zusammengelegt. Alltäglich sichtbare Anachronismen aus der Zeit des Bahnmonopols wie die Bahnsteigsperren in Bahnhöfen verschwanden erst ab Mitte der sechziger Jahre unter dem Zwang zur Rationalisierung.

DB in der Konjunkturkrise

Der Transportanstieg im Güterverkehr während der Hochkonjunkturphase von 1968 bis 1972 täuschte die Bahn über ihre tatsächliche Konkurrenzfähigkeit auf dem Verkehrsmarkt hinweg. Infolge der steigenden Transportnachfrage und der Knappheit an Arbeitskräften stellte die Bahn ihr Personalverminderungsprogramm einstweilen zurück. Neben der tariflichen Arbeitszeitverkürzung war vor allem die verzögerte Rationalisierung der Bahn dafür verantwortlich, dass sich der Personalbestand von 1969 bis 1973 von 394000 auf 430000 Mitarbeiter erhöhte. Dies hatte zur Folge, dass die Anpassung des Personalbestandes auf die 1973 folgende Abschwungphase verlagert wurde. Die steigende Arbeitslosigkeit, die 1975 erstmals seit Anfang der fünfziger Jahre wieder die Millionengrenze erreichte, erschwerte das Konzept, den Personalbestand auf sozial verträglichem Wege durch freiwillige Fluktuation zu senken. Die konjunkturelle Rezession der Jahre von 1973–1975, die noch durch die Folgen der Ölpreisexplosion im Zuge der „ersten Ölkrise“ verstärkt wurde, zwang die Bundesbahn zur Konzentration statt zur Expansion ihrer Tätigkeit. Infolge ihrer stetig steigenden Defizite geriet die DB in eine permanente Abhängigkeit von Zuschussleistungen und Darlehen des Bundes. Eine zunehmende Zahl von Investitionsentscheidungen wurde nicht mehr in der Hauptverwaltung der DB, sondern in der Eisenbahnabteilung des Bundesverkehrsministeriums getroffen.

Vor dem Hintergrund ihrer eigenen kritischen Ertragslage und der haushaltspolitischen Stabilitätszwänge des Bundes war ein expansionsorientiertes Konzept der DB von Anfang an zum Scheitern verurteilt. Eine mittelfristige Unternehmenskonzeption des Bundesbahnvorstandes vom Mai 1973 hielt nicht weniger als die reale Verdoppelung der Erträge im Personenverkehr im Zeitraum von 1972 bis 1985 und eine Ertragssteigerung im Güterverkehr um mehr als 50% für möglich, sofern die DB intensiv und nachhaltig in ihre Modernisierung und Rationalisierung investierte. Dieses Konzept überschätzte nicht nur das Wachstum des Massengutverkehrs, sondern auch das realistische Marktpotenzial der Bahn bei weitem. Der wirtschaftliche Strukturwandel von rohstoffintensiven zu technologieintensiven Produkten und von der Industrie- zur Dienstleistungsgesellschaft verringerte das Marktsegment für Massengüter und erhöhte den Transportbedarf für Kaufmannsgüter, einem Marktsegment, in dem der LKW dank seiner technischen Eigenschaften in Hinblick auf Schnelligkeit und Transportkosten überlegen war.

DB in der Konjunkturkrise

Lebers Amtsnachfolger Kurt Gscheidle (SPD) forderte im Dezember 1974 eine Konzentration der Bundesbahn auf jene Aufgaben, die entweder langfristig rentabel waren oder als soziale und regionalpolitische Leistungen vom Bund abgegolten wurden. In der Praxis bedeutete dies eine Beschleunigung der regionalen Konzentration, d.h. eine Beschränkung der Bahn auf Hauptstrecken und Ballungsräume bei gleichzeitiger Stilllegung zahlreicher Nebenstrecken. Der Vorstand der DB ließ daraufhin ein Konzept für ein „betriebswirtschaftlich optimales Netz" entwerfen, das von 29000 auf 16000 km reduziert war. Die Proteste der Landesregierungen machten ein solches Stilllegungsprogramm zunächst politisch undurchführbar, doch ließ das laufende Jahresdefizit von rund 4000 Millionen Mark der DB langfristig keine Alternative. Die Bahn musste zunehmend defizitäre Leistungen im öffentlichen Auftrag vor allem im Nahverkehr erbringen, ohne dass die Auftraggeber Bund und Länder die Bahn dafür angemessen alimentierten. Der gesetzlich vorgeschriebene Bundesausgleich für die gemeinnützigen Verpflichtungen der Bahn im Nahverkehr und für die betriebsfremden Soziallasten stieg zwar bis 1980 auf 7000 Mio. DM, blieb aber hinter dem Defizit zurück. Angesichts der verkehrspolitischen Perspektive für einen radikalen Rückzug „aus der Fläche" stellte die Bahn die Beschaffung moderner Dieseltriebwagen, die als Ersatz für die überalterten Schienenbusse bestimmt waren, um mehrere Jahre zurück, wodurch sich die Attraktivität und die Konkurrenzfähigkeit der Bahn im Nebenbahnverkehr weiter verschlechterte.

Im Fernverkehr gewann die DB durch das 1971 eingeführte Intercitynetz an Attraktivität. Das IC-Netz verband die wichtigsten deutschen Großstädte und Ballungsräume mit Schnellverbindungen im Zweistundentakt. Die Intercityzüge führten jedoch nur Wagen der 1. Klasse und standen damit überwiegend in Konkurrenz zum Geschäftsreiseverkehr per PKW und Flugzeug. Da die große Mehrzahl der Geschäftsreisenden zwischen zwei oder sogar drei konkurrierenden Verkehrsmitteln wählen konnte, erwies sich das Marktsegment des IC-Verkehrs als zu klein. Als die DB 1979 die 2. Klasse und den Stundentakt im IC-Verkehr einführte, verbesserte sich die Bedienungsqualität für „Normalreisende" ganz erheblich. Die IC-Züge verkehrten nicht nur erheblich häufiger als die bisherigen D-Züge, sondern fuhren auch deutlich schneller.

Unter dem zunehmenden Zwang zur Wirtschaftlichkeit und Konkurrenzfähigkeit reorganisierte die DB ihre Verwaltungsstrukturen. Ab

1981 waren die Vorstandsmitglieder, Ressortleiter und Direktionspräsidenten nicht mehr Beamte auf Lebenszeit, sondern Angestellte in einem kündbaren Arbeitsverhältnis. Ab 1982 bestand der Vorstand der Bundesbahn mehrheitlich nicht mehr aus Laufbahnbeamten der Bahn, sondern aus Managern der Privatwirtschaft. Bereits 1968 hatte die DB die Auftragsakquisition und Kundenbetreuung von den Direktionen auf 63 Generalvertretungen dezentralisiert, während die Preis- und Tarifgestaltung in der zentralen Verkaufsleitung in Frankfurt zentralisiert wurde. Die Probleme der hohen Fehlbeträge von mehr als 4,0 Milliarden DM pro Jahr und die bedrohliche Unternehmensverschuldung erwiesen sich jedoch als unlösbar, solange der Bund nicht die finanzielle Verantwortung für jene defizitträchtigen Aufgaben übernahm, die er der Bahn aus sozialpolitischen und regionalpolitischen Gründen auferlegte.

DB in der Schuldenfalle

Bahnreform überfällig

Der neue Bundesbahnvorstand unter der Leitung des ehemaligen IBM-Managers Reiner Gohlke legte 1983 weit reichende Vorschläge für eine Unternehmensreform vor. Nach diesen Vorschlägen sollte der Bund – in Analogie zur Straßenverkehrspolitik – die finanzielle und planerische Verantwortung für das Schienennetz übernehmen und damit die Bahn von einem erheblichen Wettbewerbsnachteil entlasten. Als zweite Voraussetzung für eine höhere Wettbewerbsfähigkeit sollte der Bund die Bahn für jene defizitären Leistungen wie den Personennahverkehr alimentieren, die sie im öffentlichen Auftrag erbrachte. Nur die rechnerische Trennung von eigentwirtschaftlichen und gemeinwirtschaftlichen Aufgaben konnte der DB nach Auffassung des Vorstands und eines großen Teils der Verkehrswissenschaft den finanziellen Handlungsspielraum verschaffen, den sie im Wettbewerb benötigte. Der Vorstand der DB griff damit Forderungen auf, die erstmalig 1966 vom verkehrspolitischen Arbeitskreis der CDU unter der Leitung von Ernst Müller-Hermann erhoben wurden. Es sollte jedoch bis zum Frühjahr 1989 dauern, ehe die Bundesregierung die DB von jenem Teil ihrer Altschulden in Höhe von 12,6 Milliarden DM entlastete, der bis 1972 aufgelaufen war. Als sich im Winter 1989/90 ganz unerwartet die Chance für eine Wiedervereinigung Deutschlands entwickelte, war das politische Schicksal einer grundlegenden Bahnreform noch ungewiss. Die Ursachen für die hohe Verschuldung und für das laufende Defizit der DB waren unter Experten ebenso unumstritten wie die Forderungen, die politische und die finanzielle Verantwortung für gemeinwirtschaftliche Aufgaben auf den Bund zu verlagern und damit der Bahn zu unternehmerischer Eigenverantwortung zu verhelfen. Die Implementierung einer radikalen Bahnreform war überfällig.

Die Voraussetzung für das Eisenbahnwesen in SBZ und DDR unterschieden sich in ihren politischen und wirtschaftlichen Rahmenbedingungen grundlegend von denen in den Westzonen und der BRD. So wurde die Eisenbahn in Ostdeutschland unmittelbar nach dem Ende des Krieges das Opfer sowjetischer Reparationspolitik. Zwischen 1945 und 1947 ließ die sowjetische Besatzungsmacht bei einem großen Teil der zweigleisigen Hauptbahnen das zweite Gleis abbauen. Einige hundert Streckenkilometer voll- und schmalspuriger Nebenbahnen wurden ebenso vollständig demontiert wie die elektrischen Ausrüstungen aller elektrifizierten Strecken auf dem Gebiet der SBZ und die Produktionsanlagen der Lokindustrie. Doch während die Demontageschäden in der Lokomotivindustrie und auf den elektrifizierten Strecken bis Anfang der sechziger Jahre behoben waren, sollte die Entfernung des zweiten Gleises die Leistungsfähigkeit der Eisenbahn noch bis zum Ende der DDR beschränken. Um die Folgen der Kapazitätsengpässe zu mildern, führte die Reichsbahn 1955 eine personalintensive Zugüberwachung durch „Dispatcher" ein, die eine flexiblere Verkehrsführung erlaubte. Die knappen Streckenkapazitäten zwangen die Reichsbahn, bis zum Ende der DDR an diesem Behelf festzuhalten.

Langzeitfolgen der Demontagen

Die Deutsche Reichsbahn blieb im Gegensatz zur Bundesbahn eine rechtlich unselbstständige Verwaltung innerhalb der Deutschen Zentralverwaltung für Verkehr (bis 1949) bzw. des Ministeriums für Verkehrswesen der DDR. Sie behielt den Namen „Reichsbahn" vor allem deshalb bei, um ihre Ansprüche auf das alte Reichsbahnvermögen in Berlin-West zu untermauern. Die Unterschiede der Eisenbahnpolitik in beiden deutschen Staaten lassen sich jedoch nicht aus dem Rechtsstatus der Reichsbahn, sondern aus der Wirtschaftsordnung und den sich daraus ergebenden unterschiedlichen Allokationsmechanismen erklären. In der Zentralverwaltungswirtschaft der DDR bestanden seit 1950 bindende gesetzliche Normen für den Einsatz von Transportmitteln.

Güterverkehr in der Planwirtschaft

Im Unterschied zur Bundesrepublik, in der die freie Wahl der Verkehrsmittel nie eingeschränkt war, hatten sich die Betriebe in der DDR an gesetzlichen Normen zu orientieren. Sowohl LKW als auch Treibstoffe waren über die gesamte Zeit hinweg kontingentiert, was der Substitution von Bahntransporten durch Straßentransporte enge Grenzen setzte. Während die gesetzlichen Normen für den Einsatz von LKW in den siebziger Jahren zeitweise gelockert wurden und sich Ansätze einer technisch und wirtschaftlich begründeten Arbeitsteilung im Verkehr entwickelten, dominierte in der Verkehrspolitik der achtziger Jahre wieder das Primat der Energiepolitik und der unbedingte Zwang zur

Treibstoffeinsparung. Bis auf wenige Güter wie leichtverderbliche Lebensmittel und Waren für den Westexport mussten nunmehr alle Gütertransporte ab 50 km Entfernung mit der Bahn oder dem Binnenschiff durchgeführt werden. Die Verteilung der Transportleistungen per Plan hatte zur Folge, dass die Eisenbahn über die gesamten 40 Jahre der DDR das dominierende Gütertransportmittel blieb. Der Anteil der Reichsbahn an der gesamten Gütertransportleistung (in Tonnenkilometern) sank nie unter 70%. Die Verdrängung der Eisenbahn durch den LKW als dem strukturbestimmenden Verkehrsmittel einer hochgradig arbeitsteiligen Industrie- und Dienstleistungsgesellschaft, die in allen marktwirtschaftlich verfassten Staaten der Ersten Welt zu beobachten war, fand in der DDR nicht statt.

Die verminderten Transportkapazitäten der Reichsbahn zwangen die Wirtschaft dazu, den Transportbedarf in längerfristigen Plänen mit der Reichsbahn abzustimmen und sich beim Versand von Gütern an den Möglichkeiten der Bahn zu orientieren. Die kapazitativen Engpässe der Hauptstrecken wurden mit dem beginnenden Wiederaufbau der DDR ab 1952 zunehmend drückender. Erst ab der Mitte der sechziger Jahre hatte sich das vordringliche Engpassproblem so weit gemildert, dass die Reichsbahn die Grunderneuerung und die Modernisierung ihres Streckennetzes in Angriff nehmen konnte.

Folgen der Teilung

Die Deutsche Reichsbahn wurde durch die wirtschaftlichen Folgen der deutschen Teilung ungleich härter getroffen als die Deutsche Bundesbahn. Die Wirtschaft der DDR war nunmehr auf Steinkohlelieferungen aus Polen angewiesen, die in den fünfziger Jahren noch gänzlich unzureichend waren. Die Lokomotiven mussten daher mit Braunkohle befeuert werden, die einen deutlich geringeren Heizwert besaß. Obwohl die Ingenieure der Reichsbahn alle technischen Anstrengungen zur Anpassung an diese Zwangslage unternahmen, blieben häufige Zugstörungen durch Dampfmangel nicht aus. Die Verdieselung und Elektrifizierung der Reichsbahn hinkte nicht nur infolge der Industrie- und Streckendemontagen um circa zehn Jahre hinter der DB her. Die politische Entscheidung der Staats- und Parteiführung zum Ausstieg aus der innerdeutschen Arbeitsteilung zwang die ostdeutsche Lokindustrie Ende der fünfziger und Anfang der sechziger Jahre zu zeitaufwendigen Eigenentwicklungen von Dieselmotoren und Lokgetrieben, wodurch sich die Verdieselung weiter verzögerte.

Umgehung Westberlins

Zusätzliche Probleme entstanden durch die Politik der so genannten „Störfreimachung“ von möglichen Gegenblockaden durch die Alliierten Stadtkommandanten und den Senat von Westberlin. Bereits 1951 fing die Reichsbahn an, den schon vor 1939 begonnenen zweigleisigen

Eisenbahnring um Berlin zu schließen. Diese als Berliner Außenring bezeichnete Strecke diente dem Ziel, den gesamten Güter- und Personenbinnenverkehr der DDR um den Westteil der Stadt herumzuleiten und damit Westberlin zu isolieren. Damit sollte auch verhindert werden, dass DDR-Bürger auf ihren Reisen nach und von Ostberlin die Westsektoren durchqueren mussten. Ohne diese 1958 fertig gestellte Ringstrecke wären der Mauerbau und die Schließung der Sektorengrenze am 13. August 1961 verkehrstechnisch kaum möglich gewesen. Die Vollendung dieses Verkehrswegs band in den fünfziger Jahren einen erheblichen Teil der Bauressourcen, die der Reichsbahn insgesamt zur Verfügung standen.

Vernachlässigung von Verkehrsinvestitionen

Entsprechend der politischen Ökonomie des orthodoxen Marxismus-Leninismus wurde das Verkehrswesen gegenüber der produzierenden Wirtschaft nur als ein nachrangiger Wirtschaftszweig ohne strukturbestimmende Bedeutung angesehen. Die relative Vernachlässigung des Verkehrswesens in der Wirtschaftsplanung der DDR hatte zur Folge, dass der Reichsbahn Investitionsmittel für eine durchgreifende Modernisierung fehlten. So wurde die Elektrifizierung der Reichsbahn durch einen Beschluss des Politbüros der SED 1966 zugunsten der weniger kapitalintensiven Verdieselung des Zugverkehrs stark verlangsamt. Die Kürzung der Öllieferungen aus der Sowjetunion zwang die Reichsbahn Anfang der achtziger Jahre dazu, die Elektrifizierung nunmehr um fast jeden Preis zu beschleunigen und dafür den Ausbau und die Instandhaltung des Streckennetzes zu vernachlässigen.

In der Verkehrsplanung besaßen die Bedürfnisse der produzierenden Wirtschaft eindeutig Vorrang vor dem Personenverkehr. Dies bedeutete, dass der Güterverkehr – einschließlich des Personennahverkehrs, der für die Aufrechterhaltung der Produktion erforderlich war – Vorrang gegenüber dem Personenfernverkehr genoss. Erst gegen Ende der sechziger Jahre, nachdem das Gleisnetz wiederaufgebaut und saniert war, erreichten die Zugfrequenzen und Reisegeschwindigkeiten im Fernverkehr wieder annähernd die Werte der Vorkriegszeit.

Subventionierung des Personenverkehrs

Im Unterschied zum Güterverkehr wurde die freie Wahl des Verkehrsmittels im privaten Personenverkehr kaum durch Transportnormen eingeschränkt. Die Verkehrspolitik der DDR schuf jedoch wichtige preispolitische Anreize für die Benutzung öffentlicher Verkehrsmittel. So wurden die Preise für Zeitkarten im Berufsverkehr auf dem Vorkriegsniveau eingefroren, während die Preise für Fernverkehrskarten auf dem Niveau von 1946 stehen blieben. Für Dienstreisen und Reisen im organisierten Gruppentourismus mussten überwiegend reguläre Züge und Sonderzüge benutzt werden. Der hohe Anteil von Bahnen und Bussen im Nahverkehr wurde zum einen durch die hohen Anschaffungskosten und Betriebskosten für private Autos, zum anderen durch die sehr langen Lieferfristen für private PKW und chronische Mängel in der Ersatzteilversorgung und in der Instandhaltung bedingt.

3.2 Der Straßenverkehr

LKW-Verkehr boomt nach Währungsreform

Der Güterverkehr auf der Straße lag in den ersten Nachkriegsjahren aus Mangel an Treibstoff und Reifen weit gehend darnieder. Doch obwohl Treibstoffe noch bis 1950 rationiert waren, belebte sich der Straßenverkehr gleich nach der Währungsreform im Westen erheblich. Dafür war zum einen das Angebot von neuen LKW und Bussen verantwortlich. LKW-Spediteure, Industrie- und Handelsunternehmen machten reichlich von den hohen steuerlichen Sonderabschreibungen für Investitionsgüter Gebrauch, zu denen auch Fahrzeuge gezählt wurden. Die Transportkrise der ersten Nachkriegsjahre beeinflusste das Investitionsverhalten der Wirtschaft noch auf längere Zeit. Aus der letztlich unbegründeten Furcht vor Transportengpässen entschieden sich nicht wenige Unternehmen, den Gütertransport in die eigenen Hände zu nehmen und Werkverkehr mit eigenen Fahrzeugen zu betreiben. Da die DB infolge der steigenden Preise für Kohle und Stahl und des überhöhten Aufwandes an Personalkosten die Gütertarife von 1948 bis 1951 um insgesamt fast 80% erhöhen musste, wurde der Transport in Eigenregie über immer längere Distanzen und auch für niedriger tarifierte Güter betriebswirtschaftlich attraktiv.

erhöhte Konkurrenzfähigkeit des LKW

Das schnelle Wachstum des LKW-Fernverkehrs stützte sich auf der Nachfrageseite auch auf das überdurchschnittliche Bevölkerungswachstum ländlicher und peripherer Räume. Betriebsverlagerungen aus den zerstörten Großstädten und der sowjetischen Besatzungszone und die Gründung von Flüchtlingsbetrieben brachten einen erheblichen Vergewerblichungsschub für ländliche, einstmals überwiegend agrarische Räume. Die geringe Ausstattung mit Umlaufmitteln und das relativ hohe Realzinsniveau zwangen vor allem mittelständische Unternehmen dazu, ihre Lagerbestände zu verringern und Vorprodukte in kleineren, LKW-freundlichen Partien zu beziehen. Die Konkurrenzposition des LKW im ebenso umkämpften wie lukrativen Teilmarkt für Fertigwarentransporte verbesserte sich noch dadurch, dass die DB aus strukturpolitischen Gründen an einer Annäherung der Tarife an die tatsächlichen Kosten gehindert wurde. Mit Rücksicht auf die ungünstige Transportkostenlage der bundesdeutschen Randgebiete erhöhte die DB im Jahr 1951 wieder die Spanne zwischen den Fertigwarentarifen und den Rohstofftarifen, obwohl gerade der Fertigwarenverkehr zunehmend auf den LKW auswich. Erst 1953, als der LKW-Fernverkehr bereits den Durchbruch auf dem Transportmarkt erzielt hatte, reagierte die DB mit einer marktgerechten Senkung ihrer Fertigwarentarife.

Obwohl die Parität zwischen dem Eisenbahngütertarif und dem LKW-Tarif de jure fortbestand, war das System der Tarifüberwachung und damit auch die Tariftreue zusammengebrochen. Der Reichs-Kraftwagen-Betriebsverband (RKB) galt im amerikanischen und britischen Verständnis als ein Zwangskartell und fiel daher der alliierten Kartellverbotspolitik zum Opfer. Erst 1952 wurde mit der Gründung der Bundesanstalt für den gewerblichen Güterverkehr wieder eine öffentlich-rechtliche Institution für die Überwachung der Tarifbestimmungen und des Konzessionsrechts eingerichtet.

Der größte Teil der Kriegszerstörungen im Straßennetz war bis 1951 zumindest provisorisch repariert worden. Da der Ausbau der Reichsstraßen während des „Dritten Reiches" zugunsten des Autobahnbaus zurückgestellt war, führte der erheblich gestiegene LKW-Verkehr auf nicht wenigen Bundesstraßen zu einer Überlastung und zur Beschädigung der Fahrbahndecken. Die noch aus den dreißiger Jahren stammende steuerliche Begünstigung von schweren LKW und Anhängern wurde nicht nur von der Bundesbahn kritisiert. Während die Bundesbahnlobbyisten die Kfz-Besteuerung wegen der einseitigen Wettbewerbsvorteile für den LKW-Fernverkehr als zu niedrig kritisierten, forderten die Haushaltspolitiker der Regierungsparteien eine angemessene Anlastung der Unterhaltungs- und Instandhaltungskosten an den Verkehrsträger, der die Straßen am stärksten beanspruchte. Eine Initiative des Bundesfinanzministers Fritz Schäffer (CSU) für die Einführung einer Autobahnmaut scheiterte 1952/53 noch am vereinten Widerspruch aller Kraftverkehrsverbände. Der ADAC als Lobbyist der noch kleinen, aber stetig wachsenden Minderheit der PKW-Besitzer sperrte sich mit Erfolg gegen zusätzliche Abgabenlasten für PKW, die im Verhältnis zum LKW ohnehin unverhältnismäßig hoch besteuert wurden. Mit der Ablehnung der Autobahnmaut fiel eine langfristige verkehrspolitische Entscheidung, PKW nur nach der Motorengröße (Hubraum) und nach dem Benzinverbrauch zu besteuern. Diese Pfadentscheidung hatte zur Folge, dass der Einstieg in die Motorisierung per Kleinwagen steuerlich erleichtert wurde. Die Beibehaltung des freien Gemeingebrauchs aller Straßen und die Entkoppelung des Autobahnbaus von der Benutzungsfrequenz weckte auch die Erwartungen in den Ausbau des Autobahnnetzes.

Grundsatzentscheidungen zur Fahrzeugbesteuerung

Doch erst ab 1953 wandelte sich die bisherige Bewertung des PKW in der Politik wie in der Öffentlichkeit. Wurde der PKW Anfang

Auto als Massenkonsumgut

der fünfziger Jahre noch als ein Luxusgut angesehen, galt er zunehmend als ein legitimer Gebrauchsgegenstand. Vor allem der Volkswagen („VW-Käfer") verkörperte durch seinen Namen, seine technische Konstruktion und seine Geschichte die Vision eines Volksautos, das sich in absehbarer Zeit als ein allgemein erreichbares Konsumgut etablieren sollte. Der Volkswagen entwickelte sich zum Symbol individueller Freiheit in einer Gesellschaft, die von ihren führenden politischen und intellektuellen Repräsentanten als eine „nivellierte Mittelstandsgesellschaft" gedeutet wurde. Zum Zeitpunkt ihrer theoretischen Ausformulierung durch den Soziologen Helmut Schelsky spiegelte diese These noch nicht die soziale Realität wider, wohl aber ein mittelfristig erreichbares gesellschaftspolitisches Ziel. Vor dem Hintergrund der langfristig erwarteten „Demokratisierung" des Autos als Massenkonsumgut war die 1955 verabschiedete Senkung der Kfz-Steuern für PKW von 18,– auf 14,40 DM je 100 ccm Hubraum politisch unstrittig. Die steigende kaufkräftige Nachfrage im Inland, Erfolge bei der Erschließung ausländischer Absatzmärkte, die „economies of scale" der Kostenvorteile durch Massenproduktion und nicht zuletzt die Produktivitätsgewinne durch die Rationalisierung der Produktion trugen dazu bei, dass der Verkaufspreis eines „VW-Käfer" von der Währungsreform bis 1957 um 20% sank. Neben der stetigen Erhöhung der Nominaleinkommen bei sinkenden Autopreisen und den fast konstanten Haltungskosten trug auch die Verbreitung von persönlichen Anschaffungsdarlehen und Teilzahlungsverträgen dazu bei, dass sich der zunächst noch geringe Arbeitnehmeranteil unter den Neuwagenkäufern bis Ende der fünfziger Jahre auf über 40% erhöhte. Wurde die große Mehrzahl der PKW Anfang der fünfziger Jahre noch von wohlhabenden Selbstständigen und Freiberuflern für die geschäftliche Nutzung angeschafft, hatte sich der PKW zum Ende der fünfziger Jahre als privates Konsumgut etabliert.

Vor dem Hintergrund eines steigenden Bundesbahndefizits am Ende des „Korea-Booms" war die Bundesregierung 1953 gezwungen, die Wettbewerbsvorteile des LKW durch höhere Steuern und Abgaben zu egalisieren. Die Reform der LKW-Besteuerung und die Marktordnung des Güterfernverkehrs waren sehr viel umstrittener als die PKW-Politik. Selbst innerhalb der Bundesregierung ließen sich nur schwierig Kompromisse zwischen den divergierenden politischen Zielvorstellungen finden. Während das Bundesverkehrsministerium (BMV) primär an einer Senkung des Bundesbahndefizits interessiert war und diesem Ziel auch die Gewerbefreiheit des Güterfernverkehrs unterordnen wollte, war dem Bundeswirtschaftsministerium an einer funktionieren-

liberale oder restriktive Marktordnung

den Wettbewerbsordnung gelegen. Seebohms Vorstoß zugunsten eines Transportverbots für Massengüter im LKW-Fernverkehr beruhte auf den traditionellen Gemeinwirtschaftlichkeitsvorstellungen deutscher Verkehrspolitik, Wettbewerb nur soweit zuzulassen, wie das gemeinwirtschaftliche Tarifsystem ungefährdet blieb.

Nach den ordoliberalen Grundsätzen des Bundeswirtschaftsministers Ludwig Erhard war ein funktionierender Preis- und Leistungswettbewerb für eine wachstumsorientierte Marktwirtschaft ebenso unverzichtbar wie die freie Verkehrsmittelwahl und die Verhinderung von Angebotsmonopolen. Seebohm musste dem scharfen Widerspruch der Wirtschaftsverbände und des Bundeswirtschaftsministeriums Tribut zollen und seine Pläne zur Einschränkung des Wettbewerbs 1954 ad acta legen. Das BMV konzentrierte seine Bemühungen auf die Erhöhung der so genannten Werkfernverkehrsabgabe, die als Ausgleich für die fehlenden Bindung des Werkverkehrs an eine gemeinwirtschaftliche Tarifstruktur erhoben wurde. Um eine signifikante Umlenkung des Werkfernverkehrs auf die Bundesbahn zu erzielen, sollte die bisherige, allgemein als zu gering empfundene Abgabe von einem Pfennig pro Tonnenkilometer auf fünf Pfennige erhöht werden. Die Abgabe lag damit nur unwesentlich unter den Tarifen der Bundesbahn und des gewerblichen LKW-Fernverkehrs für Massengüter. Das BMV und die Bundesbahn erwarteten, dass die Abgabe vor allem gegenüber dem Werkfernverkehr mit Massengütern eine prohibitive Wirkung entfalten würde. Seebohm setzte sein Reformpaket aus Werkfernverkehrsabgabe und höheren Steuern für schwere LKW und LKW-Anhänger nach teilweise heftigen Auseinandersetzungen mit den Anhängern einer ordoliberalen Verkehrspolitik in der Unionsfraktion nur dank der Rückendeckung von Bundeskanzler Adenauer durch.

Sonderabgaben für Werkverkehr

Doch trotz der Steuersenkungen für PKW und der Steuererhöhungen für LKW fand auch weiterhin eine „Quersubventionierung“ des LKW-Verkehrs durch den PKW statt. Während die Verkehrspolitik die Kosten des PKW-Verkehrs den Verursachern einigermaßen gerecht in Rechnung stellen konnte, scheiterte eine stärkere Anlastung der Straßenkosten an den Güterverkehr am Widerstand der Wirtschaft, die sich immer häufiger des LKW bediente. Ganz entgegen den Erwartungen des BMV ging der Werkfernverkehr trotz der zum Teil prohibitiv hohen Abgaben von 1956 bis 1959 nur geringfügig zurück. Während das BMV einen Gesamtrückgang des Werkfernverkehrs von mindestens 30% erwartet hatte, verringerten sich lediglich die Massenguttransporte um nicht mehr als 20%. Der wichtigste Grund für diese Entwicklung bestand darin, dass viele Unternehmen nur mit den Grenzkosten statt mit den Vollkosten kalkulierten. Massenguttransporte lohnten sich nach dieser Kalkulation auch dann, wenn die rechnerische Ersparnis dieser Transporte (Massenguttarif minus Werkfernverkehrsabgabe) kaum über den Grenzkosten lag.

Erst 1961 fiel die starre Bindung der LKW-Tarife an die Tarifstruktur der Bahn. Die wirtschaftsliberale Gruppe innerhalb der Unionsfraktion setzte gegen den Widerstand Seebohms eine „Entkoppelung" der LKW-Tarife von der gemeinwirtschaftlichen Tarifstruktur der Bahn durch. Dies bedeutete, dass sich die Transportpreise nunmehr stärker an den Kosten als an den gemeinwirtschaftlichen Vorgaben des Bahntarifs orientierten. Dem Preiswettbewerb der Verkehrsträger waren jedoch durch enge Mindest- und Höchstpreise für den gewerblichen Güterfernverkehr Grenzen gesetzt. Der gewerbliche Güterfernverkehr verhielt sich eher wettbewerbsskeptisch und machte bis 1971 keinen Gebrauch von der Möglichkeit von Margentarifen. Die staatliche Kapazitätskontrolle im Güterfernverkehr verhinderte Überkapazitäten. Wegen der hohen Auslastung des Güterfernverkehrs bestand für die LKW-Spediteure kaum ein Anlass, Unterschreitungen der Regeltarife in Betracht zu ziehen. Mehrfach lehnte das Bundesverkehrsministerium die Anträge des Fernverkehrsgewerbes auf Tariferhöhungen in der beantragten Höhe ab, weil es eine unbillige Ausnutzung der starken Marktposition durch das Fernverkehrsgewerbe befürchtete.

Wettbewerbsscheu der LKW-Spediteure

Da neben der Preiskontrolle auch die Kapazitätskontrolle fortbestand, kann die „kleine Verkehrsreform" von 1961 noch nicht als Weichenstellung für eine ordoliberale Verkehrspolitik bezeichnet werden. 1964 trug die Bundesregierung den Klagen peripherer Regionen über die erhöhte Transportkostenbelastung Rechnung. Um das raumordnungspolitische Ziel der vorrangigen Entwicklung ländlicher Räume zu erreichen, wurde die Werkfernverkehrsabgabe von fünf auf drei Pfennige je Tonnenkilometer gesenkt. Zu diesem Zeitpunkt war der LKW in den ländlichen Regionen bereits zum wichtigsten Transportmittel aufgestiegen.

zunehmende Bedeutung des Busverkehrs

Der Linienverkehr mit Bussen, der sich am flexibelsten an den Wandel der Bevölkerungsverteilung und der Siedlungsstrukturen und die dadurch veränderte Verkehrsnachfrage anpassen konnte, lief bereits in den fünfziger Jahren dem Nahverkehr auf der Schiene den Rang des führenden öffentlichen Verkehrsmittels ab. Das Netz von Überland-Buslinien, das sich von 1936 bis 1950 von 50000 km auf 200000 km ausgedehnt hatte, ermöglichte eine fast vollständige Erschließung des Raumes, die jedoch z.T. noch qualitativ unzureichend war. Der Bus, der in der Konkurrenz zur Bahn von seinem Image als dem technisch moderneren Verkehrsmittel profitierte, geriet in den sechziger Jahren in Konkurrenz zum privaten PKW. Die Tendenz zur Zentralisierung von Gewerbe, Dienstleistungen und öffentlichen Infrastruktureinrichtungen wie Schulen, die seit den sechziger Jahren die kommunale und regionale Entwicklungsplanung beherrschte, erhöhte zunächst noch die Bedeutung des Busverkehrs. Größere Bevölkerungsgruppen wie Kinder und Jugendliche waren nunmehr täglich auf öffentliche Verkehrsmittel angewiesen.

Traditionsbindung der Verkehrswissenschaft

Die Jahre ab 1955 waren von der Tendenz geprägt, die Straßenverkehrspolitik auf eine gesicherte wirtschaftswissenschaftliche Grundlage zu stellen. Der Begriff der „sozialen Kosten" und das Konzept der „Internalisierung sozialer Kosten" fand in der Verkehrswissenschaft zunehmend Verbreitung, stieß aber an enge methodische Grenzen. Es gelang der Verkehrswissenschaft noch nicht, eine allgemein anerkannte Definition für den Begriff der „sozialen Kosten" im Verkehr (wie Sicherungskosten, Unfallkosten, Lärmbelästigungen und Luftverschmutzung) zu finden und Einvernehmen über die Berechnung der Straßenkosten zu erzielen, die dem motorisierten Verkehr anzulasten waren. Die Mehrzahl der deutschen Verkehrswissenschaftler hing der „Jüngeren Historischen Schule" der Nationalökonomie an und war noch vom Leitbild einer gemeinwirtschaftlichen Verkehrspolitik geprägt. Sie betrachtete den Verkehr als einen Ausnahmesektor der Wirtschaft, der für die Anwendung der üblichen Wettbewerbsregeln ungeeignet war. Die deutsche Verkehrswissenschaft stand ordoliberalen Marktordnungsmodellen im Verkehr noch längere Zeit skeptisch gegenüber.

Straßenbau bleibt hinter Bedarf zurück

Die restriktive austerity-Politik des Bundesfinanzministers Fritz Schäffer sorgte dafür, dass die Ausgaben des Bundes für den Fernstraßenbau bis 1957 erheblich hinter den Wachstumsraten und dem Bedarf des Verkehrs zurückblieben. Die Bundesrepublik zehrte im ersten Jahrzehnt ihres Bestehens von den Vorleistungen des Naziregimes. Sie besaß im europäischen Vergleich das weitaus dichteste Autobahnnetz. Aber der noch wenig fortgeschrittene Ausbau des Bundes- und Landesstraßennetzes stellte zumindest in den fünfziger Jahren noch keinen Anreiz zur Motorisierung dar, sondern lediglich eine technische Mindestvoraussetzung für das Anfangsstadium der Massenmotorisierung. In diesem Jahrzehnt konzentrierten sich die Straßenbauinvestitionen auf die Instandhaltung und auf den Ausbau jener Bundesstraßen, die besonders unter der Überlastung durch den wachsenden Schwerverkehr litten. Erst die Erhöhung des Bundesfernstraßenetats nach der Bundestagswahl von 1957 ermöglichte es, den 1942 unterbrochenen Ausbau des Autobahnnetzes konsequent fortzusetzen und die Erweiterung des Fernstraßennetzes in drei Vierjahresplänen auf längere Frist zu planen.

Straßenverkehrs-Finanzierungsgesetz

Das Straßenverkehrs-Finanzierungsgesetz von 1960 begründete erstmals eine Zweckbindung der Mineralölsteuereinnahmen für den Ausbau des Bundesfernstraßennetzes. Das bisher geltende haushaltsrechtliche Prinzip, Steuereinnahmen nicht durch Zweckbindungen an einzelne Etatposten zu knüpfen, wurde damit aufgegeben. In den folgenden Jahren verwässerten die Haushaltsgesetze des Bundes jedoch wieder das Konzept der Zweckbindung. Die Mineralölsteuererhöhung kam der Finanzierung des Fernstraßenbaus zugute, so dass sich die Mittel für den Bau von Autobahnen und Bundesstraßen nicht zuletzt auch aufgrund der steigenden Motorisierung schnell und stetig erhöhten. Wichtige Autobahnabschnitte mit bundesweiter raumordnungspolitischer Bedeutung wie die Hauptverbindungen von Norden nach Süden (Hamburg-Frankfurt und Frankfurt-Nürnberg-München) wurden in der ersten Hälfte der sechziger Jahre vollendet, in der andere Großprojekte wie die „Hansalinie“ (Hamburg-Bremen-Ruhrgebiet) begonnen wurden. Die Einnahmen der Länder aus der Kfz-Steuer stiegen zwar nicht im gleichen Maße wie die Mineralölsteuereinnahmen des Bundes. Doch beteiligte der Bund die Länder indirekt an seinen steigenden Mineralölsteuereinnahmen, indem er einen Teil der Landesstraßen in Bundesstraßen umwidmete und damit die Länder von der Baulast dieser Verkehrswege entlastete.

Verkehrsprobleme der Städte

Die Verkehrsprobleme der Großstädte blieben auch weiterhin ungelöst, da sich der Bund nur in geringem Umfang am Ausbau der innerstädtischen Straßennetze beteiligte und die Städte auf die finanziellen Hilfen der Länder verwies. Die städtebaulichen und die ökologischen Probleme der Massenmotorisierung wurden Anfang der sechziger Jahre zunächst in den Großstädten sichtbar. Verstopfte Straßen im Berufsverkehr, die Behinderung der öffentlichen Verkehrsmittel durch Privatautos, steigende Lärm- und Abgasbelästigungen und die Überfüllung von Straßenrändern und Plätzen durch parkende Autos zeigten städtebaulichen und verkehrspolitischen Handlungsbedarf auf. In einigen kriegszerstörten Städten wie Hannover, Düsseldorf und Frankfurt hatte die Wiederaufbauplanung der erwarteten Verkehrszunahme durch Ringstraßen, tangentiale Straßendurchbrüche, Hochstraßen und Tunnel Rechnung getragen, doch stieß das ausgebaute innerstädtische Straßennetz auch hier an seine Kapazitätsgrenzen.

Ungeachtet des zeitgenössischen Schlagworts von der „autogerechten Stadt“ wurde die Stadtplanung für die Stadtzentren nicht dem

Raumbedarf des Autos untergeordnet. Das städtebauliche Ziel war die Einfügung des Autos in den überkommenen Stadtgrundriss. Autogerechte Planungen mit funktional nach Durchgangsstraßen und Erschließungsstraßen gegliederten Straßennetzen und großzügig dimensionierten Flächen für den ruhenden Verkehr herrschten nur in den Neubaugebieten an den Stadträndern vor, für die der Psychoanalytiker Alexander Mitscherlich 1964 den zunehmend populären Begriff von der antiurbanen „Unwirtlichkeit unserer Städte" prägte. Angesichts der Probleme mit dem städtischen Individualverkehr setzte der Bundestag 1961 eine „Sachverständigenkommission für die Verbesserung der Verkehrsverhältnisse in den Gemeinden" ein, die drei Jahre später einen vielbeachteten Abschlussbericht über Lösungsansätze zur „Verkehrsnot" der Großstädte veröffentlichte. Da die Gutachter einen stetigen Anstieg des Autoverkehrs prognostizierten, wären isolierte Lösungsansätze für den Straßenverkehr zum Scheitern verurteilt gewesen. In Anbetracht der knappen und nicht vermehrbaren Verkehrsflächen sprachen sich die Gutachter daher für Einschränkungen des PKW-Verkehrs in den Stadtzentren durch Parkzeitbeschränkungen und Parkraumbewirtschaftung und für einen gleichgewichtigen Ausbau der modernen Massenverkehrsmittel aus. Das Problem der gegenseitigen Behinderung von Autos und öffentlichen Verkehrsmitteln auf den überlasteten Durchgangsstraßen sollte zum Vorteil beider Seiten – und mit hohen Investitionen – durch den Bau unterirdischer Schnellbahnen behoben werden.

Bund fördert kommunale Verkehrsinvestitionen

Allein für den Straßenbau in den Großstädten rechneten die Gutachter mit einem Investitionsbedarf von 21 Milliarden DM von 1965 bis 1975, zuzüglich 5,6 Milliarden DM für Parkhäuser und Tiefgaragen. Doch erst die Regierung der Großen Koalition aus CDU/CSU und SPD schuf unmittelbar nach ihrem Amtsantritt im Dezember 1966 die haushaltspolitischen Vorbedingungen für kommunale Straßenbaupläne dieser Dimension. Das so genannte Steueränderungsgesetz erhöhte die Mineralölsteuer um einen Betrag von drei Pfennigen je Liter, der für Bundeszuschüsse zu größeren kommunalen Verkehrsinvestitionen zweckgebunden wurde. Das Steueränderungsgesetz, das 1971 zum Gemeindeverkehrs-Finanzierungsgesetz (GVFG) fortentwickelt wurde, galt fortan als wichtigstes Finanzierungsinstrument des Bundes und der Länder für die Förderung kommunaler Verkehrsinvestitionen. Während die GVFG-Mittel ursprünglich im Verhältnis von 60 zu 40 auf Investitionen für den Individualverkehr und den öffentlichen Verkehr verteilt wurden, änderte sich das Verteilungsverhältnis 1972 auf 50 zu 50.

„Leber-Plan" scheitert

Das allgemein „Leber-Plan" genannte verkehrspolitische Gesamtprogramm der Großen Koalition von 1967 war zum einen ein Versuch, das Transportaufkommen nach rationalen technischen Kriterien auf Schiene und Straße zu verteilen. Das Kernstück des „Leber-Plans", Transportverbote für Massengüter im LKW-Fernverkehr einzuführen, scheiterte jedoch am Widerstand der Unionsfraktion. Eine Umlenkung des Massengüterverkehrs auf die Schiene mit den dirigistischen Mitteln des Ordnungsrechts erwies sich als unvereinbar mit den Grundsätzen der Sozialen Marktwirtschaft. Spätere Erfahrungen mit einer Genehmigungspflicht für den Werkfernverkehr sollten zeigen, dass die Bundesbahn in der großen Mehrzahl aller Fälle kein gleichwertiges Angebot für einen Transport auf der Schiene unterbreiten konnte. Die Konzessionierungspflicht für den Werkfernverkehr blieb kaum mehr als eine Formalität. Eine generelle Verlagerung aller Massenguttransporte über 150 km hätte nicht nur die Kapazitäten der DB überfordert, sondern ihr auch potenziell wenig rentable Aufträge aufgebürdet. Die Einführung einer allgemeinen Fernverkehrsabgabe von einem Pfennig pro Tonnenkilometer für den gewerblichen Güterfernverkehr und von drei bis fünf Pfennigen für den Werkfernverkehr war im Grunde und in der Höhe weniger umstritten. Wie es nach den Erfahrungen mit der Werkfernverkehrsabgabe zu erwarten war, brachten diese Abgaben jedoch nur eine geringe Lenkungswirkung zugunsten der Bahn. Sowohl die allgemeine Fernverkehrsabgabe als auch die Werkfernverkehrsabgabe liefen 1971 als Folge der EG-weiten Steuerharmonisierung aus. Sie wurden von einer Erhöhung der Kfz-Steuer abgelöst, die sich nicht an der Fahrleistung, sondern am Gesamtgewicht des LKW orientierte und damit den wichtigsten Faktor des Straßenverschleißes besteuerte.

Die steuerpolitischen Instrumentarien konnten nicht die gewünschte Rückverlagerung des Massengutverkehrs auf die Bahn bewirken. Der LKW nahm vor allem wegen seiner qualitativen Merkmale (räumliche und zeitliche Flexibilität) den größten Teil der gestiegenen Transportnachfrage auf, während die Nachfrage bei der Bahn stagnierte. Auf der Seite der Transportkunden begünstigte der Trend zur Kapitalkosteneinsparung durch verringerte Lagerhaltung („Just-in-time"-Logistik) die Versendung in kleineren Partien (Teilladungen). In diesem Marktsegment war der LKW an Schnelligkeit und Preis überlegen. Auf der institutionellen Ebene förderte die europäische Integration in der EG eine schrittweise Liberalisierung des internationalen LKW-Verkehrs. Vermehrte Transportlizenzen trugen in Verbindung mit dem freien Preiswettbewerb im internationalen Verkehr und der zunehmenden Außenhandelsverflechtung dazu bei, dass der internationale Stra-

betriebliche Logistik begünstigt LKW

ßengüterverkehr stetig wuchs. Schon vor der Schaffung des freien europäischen Binnenmarktes für Dienstleistungen stand die Bundesregierung unter dem Druck der Wirtschaft, die Steuern und Abgaben des LKW aus Wettbewerbsgründen auf ein mittleres europäisches Niveau zu senken.

Die Infrastrukturpolitik der Ära Leber erwies sich im Vergleich zur Güterverkehrspolitik als sehr viel erfolgreicher und nachhaltiger. Da sich der Anteil des Straßenbaus an den Gesamtausgaben der öffentlichen Haushalte erhöhte, profitierte der Straßenverkehr im überdurchschnittlichen Maße vom Wachstum der Wirtschaft und vom überproportionalen Anstieg des Staatsanteils am Sozialprodukt. Die viel zitierte Ankündigung des Verkehrsministers Georg Leber (SPD), dass jeder Bürger den nächsten Autobahnanschluss in nicht mehr als 20 km Entfernung vorfinden solle, erschien vor diesem Hintergrund weniger als automobile Utopie denn als eine konkrete Zukunftsvision. Der 1971 verabschiedete Ausbauplan für die Bundesfernstraßen sah sogar die Verdoppelung des bestehenden Autobahnnetzes von 5300 km auf 11 000 km bis zum Jahr 1985 vor. Zum Zeitpunkt des Endausbaus hätte das westdeutsche Autobahnnetz eine Länge von 15 000 km erreichen sollen.

Ende der Straßenbaueuphorie

Es waren nicht allein der Zwang zur Inflationsbekämpfung durch Haushaltsstabilität, die erste Ölpreiskrise von 1973 und die darauf folgende Rezessionsphase, die die straßenbaupolitische Euphorie der späten sechziger und frühen siebziger Jahre bremsten. Das erwachte Umweltbewusstsein der Bürger und die Angst vor dem Verlust ökologisch wertvoller Erholungsgebiete und der weiteren Zerschneidung der Landschaft führten dazu, dass sich offener Protest von Bürgerinitiativen und Gemeinden gegen einzelne Straßenplanungen wie die Südschwarzwaldautobahn und die Rothaargebirgsautobahn organisierte. Das Bundesverkehrsministerium und die Verkehrsminister der Länder stellten die Raumordnungsverfahren für derart umstrittene Autobahnstrecken ein, auch wenn sie bereits in den langfristigen Bundesverkehrswegeplan 1971–1985 aufgenommen waren. Vor dem Hintergrund der nominal stagnierenden und real sinkenden Straßenbauetats im Bundeshaushalt konzentrierte sich das BMV auf die Vollendung und auf den Ausbau jener Autobahnen, die aufgrund der prognostizierten Verkehrsnachfrage als „vordringlicher Bedarf" ausgewiesen waren.

Sättigungsgrenze nicht in Sicht

Trotz der Ölpreiskrisen von 1973 und 1980 überstieg die Motorisierung auch weiterhin alle längerfristigen Prognosen der Wirtschaftsforschungsinstitute. Als Folge der stagnierenden Straßenbauausgaben blieb der Ausbau des Straßennetzes hinter dem Bedarf zurück. Die Diskrepanz zwischen dem verfügbaren Straßenraum und dem Flächenbedarf der Autos manifestierte sich in Staus und im Parkraummangel. Doch trotz der zunehmenden Probleme der Autonutzung in Großstädten setzte der erwartete Sättigungseffekt nicht ein. Auch wenn das verfügbare Nettoeinkommen weiterhin eine entscheidende ökonomische Determinante des Autobesitzes war, traten andere ökonomische und soziale Ursachen hinzu.

zunehmende Bedeutung des Freizeitverkehrs

Das Konsumverhalten der siebziger und achtziger Jahre orientierte sich immer mehr an Freizeitinteressen, wodurch sich die Konsumentenpräferenzen zugunsten des Autos weiter erhöhten. Empirische Untersuchungen über das Mobilitätsverhalten der Deutschen zeigten, dass der PKW für Freizeit, Erholung und Urlaub genutzt wurde. Für diese Tätigkeiten eröffnete die uneingeschränkte zeitliche und räumliche Verfügbarkeit des Autos besondere Vorteile und Möglichkeiten, während die öffentlichen Verkehrsmittel bereits Anfang der sechziger Jahre einen Benutzerschwund im Freizeitverkehr verzeichnen mussten. Die Zentralisierung vieler Lebensbereiche wie Einkaufen und Freizeit erhöhte den Bedarf an flexibler Mobilität, die im ländlichen Raum erst durch das Auto ermöglicht wurde. Die wachsende soziale Differenzierung der Gesellschaft und die erweiterten beruflichen Möglichkeiten durch ein höheres Ausbildungsniveau schlugen sich darin nieder, dass Arbeitnehmer längere Wege zu einem passenden Arbeitsplatz zurücklegten. Diese längeren Arbeitswege trugen in Verbindung mit der größeren Reisegeschwindigkeit des Autos in ländlichen Räumen zu einer steigenden Verkehrsnachfrage bei.

hohe Todesraten im Straßenverkehr

Schon Mitte der fünfziger Jahre, in der Anfangsphase der Massenmotorisierung, wurden einer breiteren Öffentlichkeit die Gefahren und Gesundheitsrisiken des Straßenverkehrs deutlich. Die hohe Zahl an Verkehrsopfern, die Mitte der fünfziger Jahre bereits bei 14000 pro Jahr lag und 1970 mit 19000 Toten eine absolute Höchstmarke erreichte, zwang die Politik zum Handeln. Damit lag die Zahl der Todesopfer im Straßenverkehr fast doppelt so hoch wie in Großbritannien, einem Land, das eine vergleichbare Motorisierung und eine ähnliche Verkehrsdichte aufwies. Der synchrone Vergleich der bundesdeutschen mit der britischen Gesellschaft und ihrer unterschiedlichen kulturellen und sozialen Normen im Straßenverkehr zeigte, dass die hohen Unfall- und Todesraten weniger auf technische Faktoren wie die aktive und passive Sicherheit der Autos oder den Ausbauzustand der Straßen zurückgeführt werden konnten. Straßenverkehrsexperten erklärten die hohen Unfallraten nicht allein mit der unzureichenden Erfahrung der deutschen Verkehrsteilnehmer hinter dem Steuer, sondern auch mit dem schwach ausgeprägten Gefahrenbewusstsein, der fehlenden Rücksichtnahme, der geringen Verbreitung defensiver Fahrweisen und Mängeln an Zivilität. Während die westeuropäischen Nachbarstaaten frühzeitig Geschwindigkeitsbeschränkungen auf überörtlichen Straßen einführten, folgte die Bundesrepublik erst 1973 mit einem Tempolimit von 100 km/h auf Landstraßen.

Vorrang der Selbstverantwortung

In den fünfziger Jahren hatte noch die Identifikation von Geschwindigkeitsbegrenzungen mit kriegsbedingten Rationierungsmaßnahmen einen unterschwelligen Einfluss auf die Geschwindigkeitsdebatte ausgeübt. In der Saturierungsphase der Wohlstandsgesellschaft dominierte das ideologisch aufgeladene Leitbild des freien und selbstverantwortlichen Autofahrers. Einschränkende Vorschriften über die generellen Verkehrsregeln hinaus wurden nicht nur von den Automobilclubs als Beschränkungen individueller Rechte und Eingriffe in die persönliche Selbstverantwortung kritisiert. Die Mitgliedszahlen der Automobilclubs ADAC und AvD erreichten bereits in den sechziger Jahren mehrere Millionen. Da der Anspruch der Automobilclubs auf Interessenvertretung aller Autofahrer von den Verkehrspolitikern nicht ernsthaft bestritten wurde, stellten sie eine mächtige „pressure group" in der Verkehrspolitik dar.

Rückgang der Verkehrstoten

Für den erheblichen Rückgang der Verkehrsopfer in den siebziger Jahren waren technisch eher unaufwendige Innovationen in der Automobiltechnik verantwortlich. Die Todeszahlen der Autofahrer verringerten sich weniger durch aufwendige technische Neuerungen wie die Konstruktion von Knautschzonen als durch vermeintlich kleine Ausstattungsverbesserungen wie Sicherheitslenksäulen, Kopfstützen und Sicherheitsgurte. Bundestag und Bundesregierung schrieben erst mit zeitlicher Verzögerung den Einbau und die Benutzung von Sicherheitsgurten vor, die sich bereits seit Jahren in den USA und in Skandinavien als wichtigstes technisches Hilfsmittel der Lebensrettung bewährt hatten. Auch die Verkehrserziehung in den Schulen, groß angelegte Werbekampagnen für defensives Fahrverhalten und sicherheitsorientierte Straßenplanungen der Straßenbauämter leisteten einen Beitrag dafür, den bundesdeutschen Rückstand in der Verkehrssicherheit zu überwinden.

Abgasreinigung und Europapolitik

In der Diskussion um Verkehrssicherheit spiegelte sich das politische Dilemma wider, das auch für die Abgasreinhaltung kennzeichnend war. Die Rücksicht auf die wirtschaftlichen Interessen der Automobilindustrie, auf vorgebliche technische Probleme und auf das vermeintlich vorrangige Interesse der Konsumenten an niedrigen Autopreisen war dafür verantwortlich, dass Bundesregierung und Bundestag in den späten sechziger und frühen siebziger Jahren die Einführung gesetzlicher Abgasnormen verzögerten, die nach dem Stand der Technik bereits zuverlässig erfüllt werden konnten. Während die deutsche Autoindustrie Autos für den Export in die USA seit den siebziger Jahren zunächst mit Abgasrückführungssystemen und danach mit geregelten Katalysatoren ausstattete, profitierten deutsche Verbraucher nur mit mehrjähriger Verzögerung von der technischen Innovation der Abgasreinigung. Für diese Verzögerung war jedoch weniger der Druck der starken deutschen Autoindustrie als der Übergang der technischen Normierung von den Nationalstaaten auf die EG verantwortlich. In einem verkehrspolitischen Tauschprozess mit der CDU/CSU/FDP-Bundesregierung Kohl stimmte die Automobilindustrie 1983 der Einführung amerikanischer Abgasnormen zu. Als Gegenleistung verzichtete die Bundesregierung auf eine Harmonisierung des europäischen Verkehrsrechts und damit auf die Einführung von Geschwindigkeitsbeschränkungen auf Autobahnen. Die bundesdeutsche Autoindustrie fürchtete im Falle von Geschwindigkeitsbegrenzungen um den Absatz ihrer leistungsstarken Modelle, während die französische und die italienische Autoindustrie um den Absatz ihrer preisgünstigen Kleinwagenmodelle infolge preissteigernder Umweltauflagen fürchteten. Der Zwang zur einvernehmlichen europäischen Einigung verzögerte die Einführung strengerer Abgasnormen um Jahre. Durch die europäische Umweltpolitik gebremst, konnte die Bundesregierung die Umstellung auf Katalysatorautos zunächst nur mit Steueranreizen fördern.

Rückständigkeit der Autoindustrie in der DDR

Wie im Schienenverkehr verlief auch die Entwicklung des Straßenverkehrs in der DDR ganz anders. Obwohl ein bedeutender Teil der deutschen Autoindustrie bis 1945 in Sachsen, Thüringen und Brandenburg angesiedelt war, entwickelte sich die Autoindustrie der DDR im Gegensatz zur Bundesrepublik nie zu einem strukturbestimmenden Wirtschaftssektor. Der PKW galt in der marxistisch-leninistischen Ökonomie als ein substituierbares Konsumgut, so dass kaum in die Neuentwicklung von Autos und in den Ausbau der Produktionskapazitäten investiert wurden. Weil die staatliche Wirtschaftsplanung keine Investitionsmittel für die Entwicklung neuer Automodelle zur Verfügung stellte, blieben die beiden PKW-Modelle Trabant und Wartburg von Mitte der sechziger Jahre bis 1989 fast unverändert. In den sechziger Jahren wurden alternative Mobilitätskonzepte wie z. B. ein umfangreiches Angebot an Mietwagen und Taxis als Ersatz für die private Motorisierung entworfen, aber aus Mangel an Fahrzeugen und Arbeitskräften nie realisiert. Infolge der steigenden Realeinkommen und der weit gehend konstanten Preise für Grundnahrungsmittel, Mieten und

Dienstleistungen stieg der Anteil der PKW-Besitzer, der mit ca. 15–20 Jahren Abstand der bundesdeutschen Motorisierung folgte, auch in der DDR stetig. Wegen der stagnierenden Produktionszahlen und der beschränkten Importmöglichkeiten für Neuwagen verlängerte sich die durchschnittliche Lieferzeit für PKW auf über 10 Jahre.

Dies war der Grund, weshalb private PKW im Alltagsbetrieb geschont und überwiegend für Freizeitfahrten und Urlaubsreisen verwendet wurden. Suburbanisierungsprozesse übten nur einen geringen Einfluss auf den PKW-Bedarf aus, weil Neubaugebiete meist in kompakter Form als Geschosswohnungssiedlungen im Stadtgebiet der Großstädte angelegt und in der Regel durch Straßenbahnlinien und Schnellbahnen erschlossen wurden. Sieht man vom „autogerechten" Neubau breiter innerstädtischer Hauptstraßen („Magistralen") in den kriegszerstörten Stadtzentren ab, blieben die Investitionen in die Unterhaltung und in den Ausbau der städtischen Straßennetze gering. Auch der Fernstraßenbau beschränkte sich im Wesentlichen auf die (unzureichende) Substanzerhaltung und gelegentliche Erweiterungen und Neubauten. Bei der Entwicklung des Autobahnnetzes kam der DDR zugute, dass die Bundesregierung die Unterhaltung und den Ausbau der so genannten Transitautobahnen von und nach Berlin mit zuletzt über 800 Mio. DM jährlich förderte. So wäre der Bau der Autobahn Berlin-Hamburg (mit Abzweig nach Rostock) ohne die Leistungen der Bundeshaushalts nur über einen längeren Zeitraum zu realisieren gewesen.

3.3 Die Binnenschifffahrt

Während die Binnenschifffahrt der DDR aufgrund der ungünstigen geografischen Verhältnisse eine marginale Rolle im Verkehrsaufkommen spielte, konnte sie im Westen an ihren früheren Stellenwert anknüpfen. Sie stand aufgrund ihrer technischen und wirtschaftlichen Eigenschaften vorwiegend im Wettbewerb mit dem Massengutverkehr der Bahn. Während die Gütertarifpolitik der Bahn in den fünfziger Jahren noch im starken Maße vom Gemeinwirtschaftsanspruch der Verkehrspolitik kontrolliert wurde, orientierten sich die Binnenschifffahrtstarife vorwiegend an der Konkurrenzsituation mit der Schiene. Die Binnenschiffahrtstarife waren bislang Festtarife, die von den gemeinsamen Frachtenausschüssen der Reeder, Partikuliere und der verladenden Wirtschaft festgelegt wurden. Durch eine Frachtenausgleichskasse glich die Binnenschifffahrt regionale Unterschiede in den Frachtraten aus. Sie konterkarierte damit die Versuche der Bundesbahn, die Binnenschifffahrt auf jenen Routen zu unterbieten, auf denen sie durch die Belastung mit Kanalgebühren und wegen zu geringer Schiffsgrößen der Bahn unterlegen war. Analog zum Güterfernverkehr auf der Straße wurden die gesetzlich vorgeschriebenen Festtarife im Zuge der „kleinen Verkehrsreform" von 1961 durch die Möglichkeit von Margentarifen abgelöst. Die Frachtenausschüsse der Binnenschifffahrt hielten jedoch auf Drängen der Binnenschiffer noch lange an starren Frachtraten fest.

Wegekostenvorteile für Binnenschifffahrt

Der Hauptgegenstand der verkehrspolitischen Auseinandersetzung war jedoch die Frage, ob die Binnenschifffahrt einen angemessenen Beitrag zu den Infrastrukturkosten leistete und ungerechtfertigte Wettbewerbsvorteile gegenüber der Bahn besaß. Verschiedene Kommissionen der Bundesregierung kamen im Laufe mehrerer Jahrzehnte zu dem Schluss, dass die Binnenschifffahrt die Betriebs-, Unterhaltungs- und Investitionskosten auf Kanälen und kanalisierten Flüssen nur zu einem kleineren Teil deckte. Die grenzüberschreitenden Flüsse Rhein, Elbe und Donau waren aufgrund internationaler Verträge ohnehin abgabenfrei. Im Gegensatz zur Bundesbahn wurde die Binnenschifffahrt in voller Höhe von der Mineralölsteuer befreit.

Internationalisierung der Binnenschifffahrt

1950 hoben die Hohen Kommissare das Verbot des Alliierten Kontrollrates für deutsche Schiffe auf, ausländische Häfen anzulaufen. Da der grenzüberschreitende Schiffsverkehr auf dem Rhein durch die Mannheimer Rheinschifffahrtsakte von 1868 traditionell von Preisregulierungen sowie von Kapazitäts- und Zugangsbeschränkungen frei war, stand die deutsche Binnenschifffahrt in einem intensiven Wettbewerb mit der niederländischen Rheinschifffahrt. Die niederländische Regierung baute die günstigere Standortlage Rotterdams im Wettbewerb mit den ungünstiger gelegenen deutschen Nordseehäfen gezielt aus, erweiterte den Rotterdamer Hafen zum größten Seehafen Europas und erhöhte damit noch die Bedeutung des Rheins als Verkehrsweg. Etwas mehr als zwei Drittel des gesamten deutschen Binnenschiffverkehrs (in Tonnenkilometern) entfielen auf die Rheinschifffahrt.

Die völlige Befreiung der Binnenschifffahrt von der Mineralölsteuer war vor allem der Wettbewerbslage der deutschen Rheinschifffahrt mit der niederländischen Konkurrenz geschuldet. Sie sicherte aber auch die Existenz der Binnenschifffahrt auf Kanalstrecken, gegenüber denen die Bahn verkehrsgeografisch und verkehrsökonomisch im Vorteil war. Die Binnenschifffahrtspolitik der Bundesregierung war wegen der großen Zahl von Familienbetrieben (Partikulieren) zugleich auch von mittelstandspolitischen Gesichtspunkten geprägt. Um die Gefahr einer ruinösen Konkurrenz und einer Unterauslastung der Binnenschiffer zu verhindern, förderte der Bund seit Mitte der sechziger Jahre die Stilllegung von Binnenschiffen mit Abwrackprämien.

Kanalbau und europäische Wettbewerbspolitik

Die 1956 beschlossene und 1964 vollendete Kanalisierung der Mosel war das erste größere Wasserbauprojekt der Nachkriegszeit. Sie kam vor allem auf Drängen der französischen Regierung zustande, die sich im Interesse der lothringischen Stahlindustrie für einen günstigen Transportweg für die Ruhrkohle einsetzte. Das Moselkanalprojekt war stark europapolitisch aufgeladen, da es die zwei wichtigsten Mitgliedsstaaten der Montanunion verband und ein gemeinsames Projekt der deutsch-französischen Beziehungen verkörperte. Aus kapazitätspolitischer und aus tarifpolitischer Sicht wäre die Moselkanalisierung nicht unbedingt erforderlich gewesen, da die vorgezogene Elektrifizierung der Moselbahn Koblenz-Trier-Thionville ausreichende Transportkapazitäten geschaffen hätte. Nach dem Abschluss der Moselkanalisierung konterte die DB mit Wettbewerbstarifen für Kohle und Erz. Dies war eines von vielen Indizien, dass der Bau von Kanälen und die Kanalisierung von Flüssen vor allem den tarifpolitischen Druck auf die Bundesbahn erhöhte. Im Fall der 1968 beschlossenen Saarkanalisierung diente der Kanalbau weniger der erwarteten Transportnachfrage, denn als rechtliche Legitimation für bereits eingeführte Sondertarife der Bahn. Auf Drängen der saarländischen Montanwirtschaft hatte die DB im Vorgriff auf den Wettbewerb mit der Binnenschifffahrt so genannte „als-ob-Tarife“ angeboten, obwohl die Kanalisierung der Saar wegen der negativen Kosten-Nutzen-Rechnung zunächst nicht ernsthaft zur Debatte stand. Die EWG-Kommission hatte daher die Sondertarife der DB zu einer rechtswidrigen Subventionierung erklärt. Um den Fortbestand der „als-ob-Tarife“ zu sichern, beschloss die Bundesregierung den Ausbau der Saar.

Kanalbauprojekte ökonomisch umstritten

Die Mehrzahl der größeren Kanalbauprojekte der siebziger und achtziger Jahre bestätigte die Kritik der Kanalbaugegner, viele Projekte seien lediglich „in die Erde gegrabene Ausnahmetarife der Bahn“. Die Verkehrsfrequenzen auf dem Elbe-Seiten-Kanal und dem Rhein-Main-Donau-Kanal blieben ebenso hinter den Erwartungen des Bundesverkehrsministeriums und der Expertengutachten zurück wie die volkswirtschaftliche Rentabilität und die wirtschaftlichen Impulswirkungen für die regionale Wirtschaft. Die Gründe für die unerfüllten Erwartungen waren zum einen in der Wettbewerbspolitik der DB zu suchen, die flexibel auf die neuen Herausforderungen im Massengutverkehr reagierte und Großkunden mit langfristigen Sondertarifen an sich binden konnte. Zum anderen eignete sich der Schiffsverkehr auf Kanälen wegen der langsamen Transportgeschwindigkeit nicht für den Transport höherwertiger Güter. Während die Rheinschifffahrt den strukturell bedingten Rückgang des Massengutverkehrs durch preislich attraktive und schnelle Transportangebote im Containerverkehr ausgleichen konnte, blieb die Kanalschifffahrt auf den schrumpfenden Massengütermarkt beschränkt.

Der Ausbau der Binnenwasserstraßen geriet seit den siebziger Jahren auch in die umweltpolitische Kritik. Die Umweltverbände kritisierten die ökologischen Schäden der Flusskanalisierung an Oberrhein, Altmühl und Donau, vor allem die ökologische Verarmung der Ufervegetation und den Verlust von Feuchtgebieten und Überschwemmungsflächen. Die positiven ökologischen Aspekte der Binnenschifffahrt wie der geringe Energieverbrauch und die niedrige Lärm- und Abgasbelastung wurden im öffentlichen Bewusstsein zunehmend von der Trauer um den Verlust der letzten naturnahen Flusslandschaften verdrängt.

3.4 Die Luftfahrt

Verbot der Zivilluftfahrt

In den ersten zehn Nachkriegsjahren von 1945 bis 1955 bestand keine deutsche Zivilluftfahrt. Das vom Alliierten Kontrollrat verhängte Verbot der kommerziellen deutschen Luftfahrt trat erst mit der Beendigung des Besatzungsstatus durch die amerikanische, britische und französische Regierung außer Kraft. Mit Inkrafttreten der Pariser Verträge im Mai 1955 erhielt die Bundesrepublik die Lufthoheit. Damit verfügte die Bundesregierung über das Recht, kommerzielle Flugverbindungen zu genehmigen und im Namen der Bundesrepublik Deutschland Luftverkehrsabkommen mit anderen Staaten abzuschließen.

In den Nachkriegsjahren hatten ausländische Fluggesellschaften mit Genehmigung der Alliierten Hohen Kommissare Flugrouten zwischen der Bundesrepublik und dem Ausland eingerichtet. Sie bedienten dabei nicht nur den Passagier- und Frachtverkehr zwischen Westdeutschland und den Heimatländern der Fluggesellschaften, sondern betrieben auch so genannte Kabotageverbindungen zwischen der BRD und Drittstaaten. Amerikanische, britische und französische Fluggesellschaften (PanAm, BEA, Air France) teilten den Inlandsflugverkehr in Westdeutschland unter sich auf.

Flugverkehr nach Westberlin

Der Flugverkehr von Westdeutschland nach Westberlin besaß eine herausgehobene politische Bedeutung für die Eigenständigkeit der Teilstadt. Nur die Flugverbindungen der amerikanischen, britischen und französischen Luftfahrtgesellschaften emöglichten einen unkontrollierten Zugang von und nach Berlin, den weder die sowjetische Besatzungsmacht noch die Behörden der DDR kontrollieren und behindern konnten. Aus wirtschafts- und sozialpolitischen Gründen setzte der Bund die Subventionierung des Berlin-Flugverkehrs noch fort, als die DDR 1972 im Zuge des Berlin-Abkommens den Transitverkehr nach Westberlin erheblich erleichterte und einem großen Teil ehemaliger DDR-Bürger den Transit auf dem Landweg gestattete. Bis zur Wiedervereinigung im Jahre 1990 übte die alliierte Luftsicherheitszentrale die Lufthoheit über die Luftkorridore vom Bundesgebiet nach Berlin aus. Mehrheitlich deutsche Fluggesellschaften blieben vom Berlinverkehr ausgeschlossen.

Wiedergründung der Lufthansa

Bereits 1953 fasste das Bundeskabinett den Beschluss, finanzielle Mittel zur Wiedergründung der Deutschen Lufthansa AG zur Verfügung zu stellen. Nach ihrer Gründung im Jahre 1955 richtete die zunächst vollständig bundeseigene Lufthansa AG schrittweise Flugverbindungen zwischen der Bundesrepublik und dem Ausland und im Inland ein. Die Lufthansa war nach der Unternehmensverfassung eine zur Rentabilität verpflichtete Aktiengesellschaft, die im Interesse des Bundes jedoch auch Fluglinien betrieb, die anfangs noch nicht Gewinn bringend waren. Von 1955 bis 1963 erwirtschaftete die Lufthansa durchgehend Verluste und schüttete erst ab 1969 Dividenden an den Bund und an ihre privaten Kleinaktionäre aus. Die Lufthansa übernahm zunächst nicht nur handelspolitische Funktionen wie die Einsparung von Devisen für Transportleistungen, sondern diente auch als Symbol für die wiedererlangte Souveränität. Luftverkehrsabkommen mit den Staaten der westlichen Welt und Drittweltstaaten über die Einrichtung von Flugverbindungen waren zugleich ein Element der deutschen Außenpolitik. Im Rahmen der „Hallstein-Doktrin" dienten die Luftverkehrsabkommen der fünfziger und frühen sechziger Jahre zunächst auch der diplomatischen Isolierung der DDR.

Der Bund kam als Hauptaktionär nicht nur für das Grundkapital und für die Anlaufverluste auf. Er beteiligte sich auch durch Investitionszuschüsse und Kapitaleinsatz am Ausbau der großen deutschen Zivilflughäfen. Ohne diese Unterstützung und die Kapitalbeteiligung des Bundes wäre der Ausbau des Frankfurter Flughafens zu einem der wichtigsten Knotenpunkte des europäischen Flugverkehrs nicht denkbar gewesen.

IATA-Preiskartell

Der Wettbewerb im internationalen Luftverkehr wurde bis in die frühen achtziger Jahre durch ein fast weltweites Preiskartell reguliert. Während die International Air Transport Association (IATA) die Flugpreise festlegte, regulierten bilaterale Luftfahrtabkommen die Transportkapazitäten der Fluggesellschaften. Bilaterale Luftverkehrsabkommen beruhten jedoch nicht immer auf strikter Reziprozität. So musste die Bundesregierung im deutsch-amerikanischen Luftverkehrsabkommen von 1968 erhebliche Beschränkungen für den Anflug von Zielen in den USA hinnehmen, während amerikanische Fluggesellschaften alle wichtigen internationalen Flughäfen in der Bundesrepublik anfliegen durften.

Wachstum des Luftverkehrs

Das fast explosionsartige Wachstum des Flugverkehrs ist auf ein Bündel ökonomischer, technischer und wirtschaftspolitischer Ursachen zurückzuführen. Die Verzwanzigfachung der Lufthansa-Erträge von 1960 bis 1980 (von 318 Mio. DM auf 6404 Mio. DM !) wäre ohne das stetige Wachstum des Bruttosozialprodukts und der Realeinkommen undenkbar gewesen. Die Entwicklung moderner und ökonomischer Großraumflugzeuge reduzierte die Betriebskosten pro Passagier und geflogener Meile derart, dass diese erheblich hinter der allgemeinen Preisentwicklung und dem Anstieg der Einkommen zurückblieben. Die Internationalisierung bzw. Globalisierung der Wirtschaft führte zu einem stetigen Anstieg der Nachfrage von Geschäftsreisenden – der wichtigsten Kundengruppe der Lufthansa.

Die steigende Zahl der privaten Flugreisenden wurde durch den preislich nicht regulierten Charterflugmarkt bedient. Die Lufthansa und führende deutsche Reiseverkehrsunternehmen gründeten Chartergesellschaften oder erwarben Beteiligungen, um sich Anteile an der stark wachsenden Wertschöpfung durch den Flugtourismus zu sichern. Das Angebot an günstigen Pauschalpaketen für Charterflüge und Hotelaufenthalte durch Reiseverkehrsunternehmen senkte nicht nur die Preisschwelle für Flugreisen. Der Warencharakter der Pauschalreise mit einem durchgeplanten und transparenten Leistungspaket reduzierte den Planungs- und Informationsaufwand der Kunden auf das Studium konkurrierender Reiseprospekte. Die psychologische Hemmschwelle für die Organisation einer Reise nach Südeuropa und das außereuropäische Ausland wurde durch die Vermarktung der Reise als Ware erheblich gesenkt.

Liberalisierung der Luftverkehrsmärkte

Die 1977 begonnene Liberalisierung des inneramerikanischen Linienflugverkehrs hatte weit reichende Auswirkungen auf den deutschen und den europäischen Flugmarkt. Als die US-Luftfahrtbehörde den amerikanischen Fluggesellschaften 1982 die Beteiligung an den IATA-Preisabsprachen untersagte, gerieten zunächst die Flugpreise auf dem Transatlantik-Flugmarkt unter Druck. Der Preisverfall und der daraus resultierende Nachfragesog auf dem größten interkontinentalen Flugmarkt der Welt stimulierte das Wachstum der europäischen Fluggesellschaften erheblich. Auch wenn die gesetzliche Liberalisierung des europäischen und des innerdeutschen Luftverkehrsmarktes erst in den neunziger Jahren vollzogen wurde, wirkte sich das Wachstum des Charterverkehrs auf das Angebotsverhalten der Linienfluggesellschaften aus. Die Lufthansa begann in den achtziger Jahren, Tickets an Privatreisende ins europäische Ausland (vor allem auf schlecht ausgelasteten Flügen) zu günstigen Preisen abzusetzen.

Der Marktanteil der Lufthansa im innerdeutschen Flugverkehr blieb infolge der kurzen Entfernungen, des relativ niedrigen Zeitgewinns gegenüber Bahn und PKW und wegen der hohen Flugpreise niedrig. Selbst im Verkehr von und nach Westberlin büßte der Luftverkehr ab 1973 Anteile an das Auto ein.

In der DDR konnte der Luftverkehr nicht annähernd die Bedeutung entwickeln wie im Westen. 1954 rief die DDR-Regierung eine staatliche Luftverkehrsgesellschaft ins Leben, die ebenfalls den Namen Lufthansa trug. Diese Namensgleichheit mit der bundesdeutschen Lufthansa führte vor allem im Ausland immer wieder zu Schwierigkeiten. Interflug
Für den internationalen Verkehr gründete die DDR deshalb schon 1958 als zweite Fluggesellschaft die Interflug. Wegen Rechtsstreitigkeiten mit der West-Lufthansa legte die DDR 1963 die beiden Fluggesellschaften unter dem Namen Interflug zusammen. Nachdem die DDR 1961 ihre wenige Jahre zuvor begonnene Flugzeugindustrie einstellen musste, bezog sie ihre Maschinen fortan aus sowjetischer Produktion. Mit ihnen baute sie ein internationales Liniennetz um den Hauptflughafen Berlin-Schönefeld aus, dessen Zweck einmal darin bestand, ihre internationale Präsenz zu demonstrieren, und zum anderen darin, Devisen einzufliegen. Den ohnehin nicht bedeutsamen Binnenluftverkehr stellte die DDR infolge der Ölkrise Ende der siebziger Jahre ein. Die Interflug wurde nach der deutschen Einheit abgewickelt.

3.5 Der Handel

Im ersten Jahrzehnt nach dem Krieg schien die Entwicklung des Einzelhandels in Westdeutschland wieder dort anzuknüpfen, wo sie 1933 durch die nationalsozialistische Machtergreifung aus der Bahn geworfen wurde. Im Zuge der politischen Befreiung vom Nationalsozialismus wurden die gesetzlichen Beschränkungen für Geschäftsneugründungen ebenso aufgehoben wie die umsatzsteuerrechtliche Diskriminierung von Kaufhäusern und Filialgeschäften. Lediglich das wettbewerbsbeschränkende Rabattgesetz von 1933, das den Barzahlungsrabatt für Endverbraucher auf 3% beschränkte, blieb bis ins Jahr 2001 bestehen. Von der Währungsreform bis zum Ende der fünfziger Jahre profitierten alle Formen des Einzelhandels von der Entstehung einer zunehmend mittelständisch geprägten, wenngleich nicht sozial nivellierten Gesellschaft und von der stetig wachsenden Kaufkraft. Durch die Flucht und Vertreibung aus den deutschen Ostgebieten, durch die Zuwanderung aus der DDR und durch die natürliche Bevölkerungsvermehrung erhöhte sich die Zahl der Verbraucher um mehr als 20%. Das Zusammenwirken günstiger ökonomischer, soziostruktureller und demografischer Entwicklungen machte es möglich, dass der mittelständisch geprägte Lebensmittelhandel und der Fachhandel trotz der steigenden Marktanteile der Kaufhäuser, Filialgeschäfte und Versandhäuser zunächst seine Existenz behaupten konnte.

Verdrängung mittelständischer Lebensmittelhändler

Mehrere technische, makro- und mikroökonomische Wandlungsprozesse führten ab dem Beginn der sechziger Jahre zunächst zu einer Erschütterung und dann zur weit gehenden Verdrängung des mittelständischen Lebensmittelhandels. So hatte die Verbreitung von Kühlschränken als Standardausstattung deutscher Haushalte revolutionierende Auswirkungen auf das Einkaufsverhalten. Mussten frische und verderbliche Lebensmittel bislang jeden Tag beim nahe gelegenen Lebensmittelhändler frisch eingekauft werden, ermöglichte der Kühlschrank die Bevorratung für mehrere Tage. Die Verringerung der Einkaufsgänge ermöglichte bei konstantem Zeitbudget eine Verlängerung der Einkaufswege und damit das Ausweichen auf größere und preisgünstigere Filialgeschäfte in etwas weiterer Entfernung. Lebensmittel-Filialgeschäfte gingen ab Mitte der fünfziger Jahre nach amerikanischem Vorbild zur Einrichtung von Selbstbedienungsmärkten mit größerer Verkaufsfläche und vielfältigerem Angebot über, mit denen der einstmals personalintensive Verkaufsvorgang erheblich rationalisiert wurde. Der Übergang zur Selbstbedienung führte zugleich zu einer zunehmenden Standardisierung der Produkte und zu einem Konzentrationsprozess in der Lebensmittelindustrie. Lebensmittel wie Milchprodukte, Kaffee, Teigwaren und Mehl wurden nicht mehr lose, sondern fertig abgepackt als Markenartikel verkauft. Abgepackte Fleischwaren, Wurst und Käse aus industrieller Herstellung verdrängten die kleineren Molkereien und zum Teil auch das mittelständische Metzgerhandwerk.

Durchbruch des Supermarktes

Durch die erhebliche Personaleinsparung gewannen die Filialgeschäfte mit Selbstbedienung gegenüber dem traditionellen Einzelhandel einen Wirtschaftlichkeitsvorteil, der sich in günstigeren Preisen niederschlug. Ende der fünfziger Jahre begann die Mehrzahl der Verbraucher, sich auf dem preislich transparenten Lebensmittelmarkt vor allem am Preisvorteil, an der Sortimentsbreite und an dem Zeitgewinn durch die Selbstbedienung zu orientieren. Sie räumten diesen Vorteilen des Supermarktes den Vorzug vor der individuellen Bedienung und der persönlichen Kundenbeziehung mit dem Lebensmittelkaufmann „an der

Ecke" ein. Bereits von 1950 bis 1960 stieg der Anteil der Filialgeschäfte am gesamten Umsatz des Lebensmitteleinzelhandels von 5 auf 12%.

Der größere Teil der mittelständischen Lebensmittelhändler entschied sich, weil das Eigenkapital für eine Modernisierung fehlte, zur Geschäftsaufgabe. Der Übergang zur Selbstbedienung erforderte nicht nur neue Ladeneinrichtungen, sondern auch erheblich mehr teure Ladenfläche. Für den ständig steigenden Flächenbedarf des Einzelhandels war nicht allein die Selbstbedienung, sondern auch die Artikelvielfalt verantwortlich. Während ein Selbstbedienungsladen im Jahre 1958 durchschnittlich 1000 Produkte zählte, führte der durchschnittliche Supermarkt im Jahre 1988 6000 Artikel. Der Übergang zur Selbstbedienung rentierte sich bei einer tendenziell sinkenden Umsatzrendite nur bei entsprechend hohen Umsätzen und einer ausreichenden Verkaufsfläche.

Existenzsicherung durch Einkaufsgenossenschaften

Zahlreiche mittelständische Einzelhandelsbetriebe schieden aus Altersgründen aus, weil die nächste Generation im Familienbetrieb keine geschäftliche Perspektive mehr sah. Um in der Preiskonkurrenz mit den Filialisten zu bestehen, schlossen sich fast alle mittelständischen Lebensmittelhändler bis Anfang der sechziger Jahre einer Einkaufsgenossenschaft an. Die EDEKA, die größte Einkaufsgenossenschaft des mittelständischen Einzelhandels, verlor auf dem Höhepunkt des „Einzelhändlersterbens" zum Ende der sechziger Jahre jährlich 2500 Mitglieder. Ein kleinerer Teil der Einzelhändler, der einer traditionellen Einkaufsgenossenschaft wie der EDEKA angehörte oder Vertragspartner eines so genannten Leitgroßhändlers (wie SPAR, A&O) war, überlebte den immer härteren Wettbewerb in einer örtlichen Nische oder durch Spezialisierung des Sortiments. Seit den siebziger Jahren feierte der traditionelle „Tante-Emma-Laden" in einer speziellen Ladenform ein kleines comeback: Einwanderer aus Südeuropa und der Türkei gründeten kleinere Lebensmittelgeschäfte mit landestypischem Angebot und gewannen neben ihren Landsleuten zunehmend auch deutsche Kunden.

Die Verdrängung des selbstständigen mittelständischen Einzelhandels durch Filialgeschäfte betraf auch den Facheinzelhandel. Vor allem im Textil- und im Schuheinzelhandel, im Drogerie- und Parfümeriehandel, im Fotohandel und im Elektro- und Phonogeschäft, ja auch im Zeitschriften- und Tabakhandel konnten Filialgeschäfte den selbstständigen Einzelhändler dank ihrer Einkaufsvorteile und ihrer größeren Kapitalreserven verdrängen. Die Haupteinkaufsstraßen deutscher Städte ähnelten sich ab den sechziger Jahren immer mehr. Nicht nur die

Namen der Filialgeschäfte, sondern auch ihre äußere Gestaltung, ihre Inneneinrichtungen und ihre Sortimente wurden als Folge der horizontalen Konzentration im Einzelhandel zwischen Flensburg und Oberstdorf immer ähnlicher, ja sogar uniform.

In einer weiteren Marktnische siedelten sich die so genannten Discounter wie Aldi an, die ihre Kundschaft durch Niedrigpreise für Standardartikel lockten. Mangelnder Kundenservice, fehlende Theken für Frischprodukte und die spartanische Ladenausstattung ermöglichte es ihnen, die konkurrierenden Filialisten zu unterbieten. Durch den Verzicht auf Markenartikel und die Einführung von Hausmarken umgingen sie die noch bis 1974 legale Hersteller-Preisbindung, die vor allem den mittelständischen Einzelhandel schützte.

Aufhebung der Preisbindung

Mobilität und Einkaufsverhalten

Der Fachhandel und die Kaufhäuser in den Städten waren Nutznießer der zunehmenden Bevölkerungsverdichtung in den großstädtischen Räumen, durch die sich der potenzielle Kundenkreis erheblich erweiterte. Der Umsatz der vier großen Kaufhauskonzerne stieg von 4% in der Vorkriegszeit bis auf 7% im Jahre 1956 und erreichte bis 1964 10%. In den fünfziger Jahren profitierte der Handel zunächst von den verdichteten Busverkehrsnetzen in ländlichen Räumen, die Einkaufsfahrten in die Stadt nicht nur zu besonderen Gelegenheiten möglich machten. In den sechziger Jahren hatte der Durchbruch des Autos zum Massenkonsumgut noch einschneidendere Auswirkungen auf das Einkaufsverhalten der Deutschen. Das Auto hob durch seine ständige Verfügbarkeit, seine Fahrplanunabhängigkeit, sein Fassungsvermögen für eine Durchschnittsfamilie mitsamt umfangreichen Einkäufen und durch seine höhere Reisegeschwindigkeit die bisherigen räumlichen Grenzen des Einkaufens weit gehend auf. Ohne die Massenmotorisierung wäre die Verbreitung von flächenintensiven SB-Märkten, Einkaufszentren und Möbelhäusern in den peripheren Gewerbegebieten der Städte seit Mitte der sechziger Jahre nicht denkbar gewesen. Diese Märkte „auf der grünen Wiese" lockten ihre Kundschaft nicht nur mit ihren großen Warensortimenten und Discountpreisen, sondern auch mit kostenlosen Parkplätzen und kurzen Fußwegen zum Auto. Da die Verbraucher verstärkt den PKW für den Einkaufsverkehr nutzten, entwickelte sich der frühere Vorteil der Zentrumslage für Kaufhäuser und Fachgeschäfte wegen der Knappheit an ohnehin gebührenpflichtigen Parkplätzen eher zu einem Wettbewerbsnachteil. Der Bau von Schnellbahnsystemen diente auch dazu, den verkehrsbedingten Standortnachteilen der Innenstädte entgegenzusteuern, die durch das Auto selbst geschaffen wurden. Neben der räumlichen Mobilität der Verbraucher trug vor allem das Wachstum des Versandhandels zur regionalen Nivellierung der Konsumgüterausstattung und zur Annäherung von Konsumgewohnheiten über soziale Schichtengrenzen bei. Große Versandhäuser wie Neckermann, Otto und Quelle beeinflussten durch ihre immer umfangreichere Warenauswahl in voluminösen und üppig bebilderten Katalogen den Geschmack und das Konsumverhalten der Deutschen und erweiterten vor allem die Konsumgüterauswahl der ländlichen Bevölkerung erheblich. Waren die so genannten Universal-Versandhäuser vor dem Krieg noch bedeutungslos, erzielten sie bereits Ende der fünfziger Jahre einen Umsatzanteil von 4%.

gesellschaftliche Bedeutung der Versandhäuser

Mit der Auflösung der nationalsozialistischen Arbeitsfront erhielten die Konsumgenossenschaften ihr Vermögen zurück. Ihre Wettbewerbsstellung veränderte sich ab 1954 erheblich, als eine Gesetzesnovelle die Beschränkung des Verkaufs auf Genossenschaftsmitglieder untersagte und zugleich festschrieb, dass das Rabattgesetz auch für Genossenschaften galt. Dadurch öffneten sich die Genossenschaften der großen Mehrzahl der Verbraucher, verloren aber für ihre Stammkundschaft von über zwei Millionen Mitgliedern an Attraktivität. Bei einem erlaubten Rabatt von maximal 3% verloren die Konsumgenossenschaften ihren Preisvorteil gegenüber den Filialisten und den aggressiven Discountern. Auch die politische „Entsäulung“ der Gesellschaft und die Auflösung des traditionellen soziokulturellen Arbeitermilieus trug dazu bei, dass sich die Bindung der Kunden an die Konsumgenossenschaften zunehmend lockerte. Bis auf wenige regionale Ausnahmen wie die Coop Dortmund-Kassel eG wurden die Konsumgenossenschaften bis in die achtziger Jahre liquidiert.

Niedergang der Konsumgenossenschaften

In der Sowjetischen Besatzungszone wurden die Warenhäuser und Filialketten ab 1946 schrittweise von den ostdeutschen Behörden enteignet. Die ehemaligen jüdischen Eigentümer von Geschäften und Kaufhäusern erhielten im Gegensatz zur Bundesrepublik weder ihr Eigentum zurück noch eine Entschädigungsleistung für die erlittenen Vermögensschäden. Neben dem zunächst noch recht starken mittelständischen Einzelhandel entwickelten sich die Konsumgenossenschaften zur größten Einzelhandelsgruppe der DDR. Der mittelständische Einzelhandel wurde mit der Verschärfung der mittelstandsfeindlichen Politik der SED ab 1952 das Opfer einer sozialen und wirtschaftlichen Diskriminierung. Eine fast konfiskatorische Steuerprogression, willkürliche Steuerstrafverfahren, zu niedrige staatlich administrierte Handelsspannen und Benachteiligungen bei der Warenbelieferung drängten den privaten Einzelhandel sukzessive gegenüber dem Konsum und der staatlichen Handelsorganisation (HO) zurück.

Verdrängung privater Einzelhändler in der SBZ/DDR

Die HO wurde nach der Währungsreform in der Sowjetischen Be-

Funktion der HO

satzungszone gegründet. Zunächst diente sie als Verkaufsorganisation für den freien Verkauf qualitativ höherwertiger Industriewaren und schwer erhältlicher rationierter Lebensmittel, die bislang nur auf dem Schwarzmarkt angeboten wurden. Die HO, die den größten Teil der enteigneten Kaufhäuser übernahm, entwickelte sich nach der vollständigen Aufhebung der Lebensmittelrationierung im Jahre 1958 zum dominierenden Einzelhandelsbetrieb der DDR. Vor allem in den ersten Jahren ihres Bestehens war die HO mit dem negativen Image der Preistreiberei, ja sogar des Wuchers belastet. Aus Protest gegen die überhöhten Preise für ansonsten rationierte oder gar nicht erhältliche Lebensmittel plünderten aufgebrachte Demonstranten während des Arbeiteraufstandes am 17. Juni 1953 in zahlreichen Orten HO-Geschäfte.

Der Konsumgüterhandel und der Lebensmittelhandel litten bis weit in die fünfziger Jahre unter einem generellen Warenmangel. Die sektorale Unterversorgung vor allem mit modischer Kleidung und Schuhen, Elektrogeräten, höherwertigen Fleischwaren, Edelgemüse, einheimischem Edelobst, Kakaoprodukten, Kaffee und Südfrüchten wurde in der DDR nie befriedigend gelöst. Die Ursache für diese Unterversorgung lag nicht nur in der quantitativ nicht immer ausreichenden Inlandsproduktion, sondern auch in zu geringen Importen aus der sozialistischen Staatengemeinschaft und unzureichenden Devisenzuteilungen für Käufe auf dem Weltmarkt.

Das Problem der quantitativen und vor allem der qualitativen Mängel war zumindest teilweise systembedingt. Die zentralistische Produktionsplanung und Distribution von Konsumgütern und das Prinzip der administrierten Preise anstelle von Marktpreisen führte zu einem nicht nachfragegerechten Güterangebot im Handel. Während der Konsum höherwertiger Kleidung und Schuhe, von Elektro- und Unterhaltungsartikeln als Luxuskonsum eingestuft und durch hohe Produktabgaben künstlich verteuert wurde, führte die Subventionierung von Grundnahrungsmitteln und Energie auf ein konstantes Preisniveau zu einem verschwenderischen Verbrauchsverhalten.

Allokationsprobleme der Zentralverwaltungswirtschaft

Die zentralistische Planwirtschaft verfügte über zu schwache extrinsische Anreizmechanismen für eine kontinuierliche Produktinnovation bei den Produzenten und für eine nachfragegerechte Sortimentsgestaltung im Einzelhandel. In den Produktionsplänen und in der Distributionsplanung dominierten quantitative Kennziffern vor qualitativen Anforderungen. Die zunehmend geringere und oftmals gänzlich fehlende Konkurrenz in der Konsumgüterindustrie zwang den Einzelhandel und die Konsumenten, auch minderwertige, technisch veraltete und unmodische Ware abzunehmen. Innovationsträgheit, Qualitätsprobleme und mangelhafte Liefertreue wuchsen mit der Verdrängung und Verstaatlichung mittelständischer Konsumgüterproduzenten. Werbung diente in der DDR weniger der Absatzsteigerung als der Lenkung des Konsums in volkswirtschaftlich erwünschte Bahnen.

Preispolitik und Kaufkraftabschöpfung

In den 60er Jahren wurde der staatliche Einzelhandel durch die Gründung von Hochpreisgeschäften für hochwertige Kleidung und Schuhe (Exquisit) und höherwertige Lebensmittel (Delikat) preislich und qualitativ stärker differenziert. Das Warenangebot blieb seit den späten siebziger Jahren hinter der kaufkräftigen Nachfrage zurück. Das Ziel, durch ein verbessertes Angebot an höherwertigen Gütern überflüssige Kaufkraft abzuschöpfen, wurde verfehlt. Die staatliche Intershop-Kette erfüllte hingegen eine devisenpolitische Sonderfunktion. Nach der Legalisierung des privaten Devisenbesitzes in den frühen siebziger Jahren dienten die Intershops dem Abschöpfen von Hartwährungsreserven. Jene verkauften westliche Importwaren, die im übrigen Einzelhandel gar nicht oder nur in schlechterer Qualität erhältlich waren.

Die marxistische Doktrin vom Fetischcharakter der Ware in der kapitalistischen Wirtschaftsordnung und der Bemessung des Warenwerts am Arbeitswert und am Gebrauchswert im Sozialismus zeigte sich auch in der sparsamen Verpackung und in der zurückhaltenden Präsentation der Ware im Einzelhandel. Mit der sozialpolitisch und finanzpolitisch motivierten Subventionierung bzw. Sonderbesteuerung von Waren griff die staatliche Preispolitik jedoch willkürlich in die Marx'sche Wertlehre ein. Die Preise für Lebensmittel und Konsumartikel orientierten sich nicht am vergegenständlichten Arbeitswert. Für die Preisfestsetzung war entscheidend, ob sie als subventionswürdige Güter des Grundbedarfs oder als steuerlich belastbare Güter des gehobenen Bedarfs eingestuft wurden.

II. Grundprobleme und Tendenzen der Forschung

1. Allgemeiner Überblick

Randgebiet historischer Forschung

Die Geschichte des Verkehrs gehörte bis vor einem Jahrzehnt noch zu den Stiefkindern historischer Forschung. Vor allem die Eisenbahngeschichte wurde über lange Zeit von primär technikgeschichtlichen Darstellungen von (und für) Eisenbahnliebhaber dominiert und zeichnete sich häufig durch das Fehlen eines geschichtswissenschaftlichen Erkenntnisinteresses aus. Während die wirtschaftshistorische Forschung zur Industralisierung ganz erheblich von den ökonometrischen Untersuchungen von Robert Fogel und Rainer Fremdling über die Bedeutung der Eisenbahnen für den industriellen „Takeoff" profitierte, wurde der Verkehr des 20. Jahrhunderts lange Zeit nur als Randgebiet der Wirtschaftsgeschichte betrachtet. Der Grund für den unterschiedlichen Status der Verkehrsgeschichte im Zeitalter der Industrialisierung und im entwickelten Industrie- und Dienstleistungszeitalter ist vor allem in der zunächst nachvollziehbaren Vorannahme zu suchen, dass weder das Auto noch die Eisenbahn eine vergleichbare Funktion als wirtschaftliche Leitsektoren des 20. Jahrhunderts einnahmen.

Aufgrund ihrer in sich widersprüchlichen Zwitterstellung zwischen einem Wirtschaftsbetrieb und einer hoheitlichen Verwaltungseinrichtung fiel die deutsche Eisenbahn mitten zwischen die Forschungsgebiete der Unternehmensgeschichte und der Politikgeschichte. Während die klassische Unternehmensgeschichte die Eisenbahn des 20. Jahrhunderts infolge ihrer behördenartigen Leitungsstrukturen und ihrer fehlenden Rentabilitätsorientierung über lange Zeit nicht als ein Unternehmen ansah, ließ sich die Eisenbahn nicht mit den begrifflichen und funktionalen Kriterien der Verwaltungsgeschichte und den Normen öffentlicher Institutionen analysieren.

späte Historisierung

Auch die Verkehrspolitik des 20. Jahrhunderts wurde erst spät historisiert. Die politischen Entscheidungsprozesse, die Entwicklung der öffentlichen Verkehrsinfrastruktur und die Ordnung der Verkehrswirtschaft standen historiografisch gegenüber anderen Feldern der

Wirtschaftspolitik und der Infrastrukturpolitik zurück. Auch wenn die Streitfrage zwischen öffentlichem und privatem Eisenbahneigentum nach 1918 gelöst war, so war die Indienstnahme der Eisenbahn für konkurrierende verkehrspolitische, wirtschaftspolitische, sozialpolitische und raumordnungspolitische Ziele eine ständige Ursache politischer Interessenkonflikte. Mit dem Verlust des Verkehrsmonopols und dem Zwang zur Wettbewerbsorientierung und größerer unternehmerischer Beweglichkeit stellte sich die Frage nach einer Privatisierung zum Ende der achtziger Jahre von neuem.

kultur- und mentalitätsgeschichtlicher Ansatz

Der Befund der noch vergleichsweise schwachen Historisierung gilt auch für kultur-, mentalitäts- und repräsentationsgeschichtliche Ansätze. Während es mit der Arbeit von Wolfgang Schivelbusch bereits eine anregende Darstellung über die Veränderung der Raumwahrnehmung und der Reisekultur im 19. Jahrhundert gibt [191: SCHIVELBUSCH, Geschichte der Eisenbahnreise], fehlen vergleichbare Darstellungen zur Reisekultur und Reiseerfahrung in Deutschland während des 20. Jahrhunderts. Auch wenn die Einführung der Eisenbahn im 19. Jahrhundert den größten qualitativen und quantitativen Schritt der Menschheit in der Erschließung der Kontinente bedeutete, so ist die Tragweite der qualitativen Veränderungen im 20. Jahrhundert und vor allem die soziale und wirtschaftliche Bedeutung der individuellen Massenmotorisierung auf keinen Fall zu unterschätzen.

besonderes Interesse an Automobilindustrie im NS-Staat

Der Befund des verspäteten historiografischen Interesses trifft auch auf das Themenfeld der Motorisierung und der Straßenverkehrspolitik zu. Gegenüber der mittlerweile sehr intensiven Forschung über die Geschichte der Automobilindustrie im „Dritten Reich" [123: GREGOR, Daimler-Benz; 161: MOMMSEN, Volkswagenwerk; 67: ROTH, Daimler-Benz; 132: HOPTMANN/SPOERER U.A., Daimler-Benz] fällt die Historiografie zur Automobilindustrie in der eigentlichen Übergangsphase zur Massenmotorisierung – den fünfziger und frühen sechziger Jahren – quantitativ eher bescheiden aus. Das besondere Erkenntnisinteresse an der Automobilindustrie im nationalsozialistischen Deutschland ist dabei weniger dem Interesse am letzlich nicht durchgeführten utopischen Projekt des „Volkswagens" und der Straßenbaupolitik des NS-Regimes geschuldet als der Frage nach Unternehmensstrategien und nach der politischer Kollaboration mit einem aggressiven, repressiven und rassistischen Regime.

Rückstand gegenüber amerikanischer Forschung

Der historiografische „Timelag" gegenüber der amerikanischen Geschichtsschreibung ist nicht allein auf die dreißigjährige Phasenverschiebung der amerikanischen und der deutschen Massenmotorisierung zurückzuführen. Aufgrund des üblichen zeitlichen Abstands zwischen einer Periode und ihrer Historisierung entwickelte sich die amerikanische Massenmotorisierung deutlich früher zu einem Feld der Forschung. Während die amerikanische Massenmotorisierung grundlegende sozialräumliche Prozesse wie die Suburbanisierung, den Funktionsverlust von Kernstädten, die Zentralisierung öffentlicher wie privater Versorgungseinrichtungen (Behörden, Schulen, Handel und Kultur) und die Annäherung städtischer und ländlicher Lebensweisen bereits in der Zwischenkriegszeit einleitete, waren diese Entwicklungen in der Bundesrepublik Deutschland der späten fünfziger Jahre erst in statu nascendi. Wurden die sich wandelnden Muster von Raumerschließung, Raumerfahrung und Reisekultur (z.B. durch den motorisierten Tourismus) der amerikanischen Zwischenkriegszeit bereits zu Gegenständen intensiver kulturhistorischer und sozialgeschichtlicher Forschung, steht eine Historisierung dieser Phänomene vor allem für die Geschichte der Bundesrepublik noch aus.

Neuere Monografien und Sammelbände zur Geschichte des Konsums in Deutschland [246: König, Geschichte der Konsumgesellschaft; 242: Kaelble/Kocka/Siegrist, Konsumgeschichte] behandeln im Rahmen einer allgemeinen Geschichte der Konsumgesellschaft unter anderem den Durchbruch des Autos zum Massenkonsumgut und die Entwicklung der Urlaubsreise zur standardisierten Massenware. Beide Arbeiten stellen die explizite Frage nach den Ursachen für die mehr als dreißigjährige Phasenverschiebung zwischen der amerikanischen und der deutschen Massenmotorisierung. Neben den klassischen makroökonomischen und mikroökonomischen Erklärungsmustern (wie dem Rückstand der Reallohnentwicklung und der verspäteten Adaption fordistischer Produktionsweisen) wenden die Verfasser soziologische und sozialpsychologische Modelle an, um die besondere Bedeutung des Prestigekaufs und der soziokulturellen Distinktion für die Verbreitung des Autos und anderer höherwertiger Konsumgüter zu erklären. Die vormalige soziale Exklusivität prestigeträchtiger Konsumgüter (wie des Autos zum Beginn der Massenmotorisierung) und die Orientierung weiter Bevölkerungskreise am Konsumverhalten der jeweils höheren sozialen Schichten werden als wesentliche Motive für den Erwerb eines Autos herausgearbeitet. Die Vision einer sozial nivellierten Mittelstandsgesellschaft manifestiert sich in der prognostizierten und propagierten Konsumgesellschaft, in der sich das Konsumverhalten nicht mehr an klassenspezifischen Einkommensverhältnissen, sondern an frei gewählten individuellen Präferenzen orientiert. Thorstein Veblens klassisches Modell der „conspicious consumption" [268: Veblen, Feine Leute] wird ebenso als theoretisches Erklärungsmuster benutzt wie Pierre Bou-

ökonomische und sozialpsychologische Modelle

demonstrativer Konsum und Distinktion

dieus Modell der soziokulturellen Distinktionsmechanismen [226: Bourdieu, Die feinen Unterschiede] und George Katonas [243: Katona, Massenkonsum] zeitgenössische konsumpsychologische Untersuchungen zum Konsumklima und zur Verschuldungsbereitschaft privater Haushalte. Die Massenmotorisierung wird hierbei weniger von der Produktionsseite – als Durchbruch fordistischer Produktionsweisen – denn von der Verbrauchsseite her gedeutet. Sie wird übereinstimmend als ein wichtiger Indikator für das Aufkommen einer wirklich oder vermeitlich egalitären Massenkonsumgesellschaft angesehen. Vor allem die Ausgaben für Verkehr und Reisen profitieren vom Anstieg der frei verfügbaren Einkommensanteile für nicht lebenswichtige Bedürfnisse und steigen mit wachsenden Durchschnittseinkommen stark an.

Trennung Wirtschaftsgeschichte/ Institutionengeschichte

Ältere abrissartige Überblicksdarstellungen zur Geschichte des Verkehrs im 20. Jahrhundert finden sich unter anderem in der verkehrswissenschaftlichen Grundlagenliteratur der fünfziger und sechziger Jahre [87: Voigt, Verkehr], die methodisch zum Teil noch von der „Jüngeren Historischen Schule“ der Nationalökonomie geprägt war und ihre Thesen vielfach aus historischen Analysen herleitete. Die rechtliche Entwicklung der Reichseisenbahn vom Regiebetrieb zu einem selbstständigen Eisenbahnbetrieb eigenen Rechts (und zurück in eine Hoheitsverwaltung) und der rechtliche und institutionelle Rahmen der Straßenverkehrspolitik und Binnenschifffahrtspolitik bis 1945 werden in neueren Handbüchern zur Verwaltungsgeschichte [103: Jeserich/Pohl/von Unruh, Deutsche Verwaltungsgeschichte, Bd. 4] knapp dargestellt. Die Auswirkungen auf die Gestaltung der Verkehrsinfrastruktur und die Entwicklung der Verkehrswirtschaft bleiben jedoch offen. Die offiziellen und offiziösen Jubiläumsbände der Deutschen Bundesbahn zum 125. und 150. Jahrestag der Eisenbahn in Deutschland (1960 und 1985) waren nicht primär aus einem wissenschaftlichen Erkenntnisinteresse heraus geschrieben. Vor dem Hintergrund der verspäteten Vergangenheitsbewältigung öffentlicher Institutionen und administrativer Funktionseliten und der damaligen bahnpolitischen Grundsatzpositionen ließ die historische Retrospektive kritische Fragen zur Rolle der Reichsbahn in der nationalsozialistischen Herrschaft ebenso unbeantwortet wie zur Geschäftspolitik der Bahn und zur staatlichen Eisenbahnpolitik [135: Jehle/Sonnenberger, Zeit der Züge; 157: Liebl, Offizieller Jubiläumsband]. Erst 1999 erschien eine umfassende Gesamtdarstellung zur Geschichte der Eisenbahn von den Anfängen bis zur Gegenwart [114: Gall/Pohl, Eisenbahn in Deutschland], die den methodischen Anforderungen an eine wissenschaftliche Darstellung genügt.

Einzelhandelsgeschichte vernachlässigt

Der Befund der historiografischen Vernachlässigung trifft ebenso auch auf die Geschichte des Einzelhandels zu. In der Forschung existieren bislang weder Gesamtdarstellungen noch überblicksartige Abrisse zur Einzelhandelsgeschichte. Längsschnittstudien zur Geschichte einer Einzelhandelsform (wie z.B. des Warenhauses) gibt es bislang ebenso wenig wie Querschnittsuntersuchungen zur Geschichte des Einzelhandels in der Vor- und Nachkriegszeit. Ungeachtet mehrerer qualitativ guter unternehmensgeschichtlicher Monografien über einzelne Warenhauskonzerne bis 1945 bleiben branchengeschichtliche Studien ein Desiderat. Es ist aus historiografiegeschichtlicher Sicht erstaunlich, dass die bislang profundeste Studie zur Einzelhandels- und Warenhauspolitik des „Dritten Reiches" bereits 1956 [266: UHLIG, Warenhäuser] veröffentlicht und noch nicht durch neuere monografische Studien ergänzt oder revidiert wurde. Obwohl es eine intensive Forschungskontroverse über die politische und sozioökonomische Stellung des selbstständigen Mittelstandes im nationalsozialistischen Deutschland gibt, ist die Sozialgeschichte des mittelständischen Einzelhandels im 20. Jahrhundert im Unterschied zur Geschichte des Handwerks bislang noch nicht geschrieben. Für die bundesdeutsche und die DDR-Nachkriegsgeschichte liegen mehrere Monografien vor, die sich mit der Geschichte des Konsums aus der Perspektive der entstehenden Konsumgesellschaft befassen [217: ANDERSEN, Traum vom guten Leben; 271: WILDT, Vom kleinen Wohlstand; 255: MERKEL, Utopie und Bedürfnis]. Der Strukturwandel des Einzelhandels wird in diesen Arbeiten zwar gestreift, bleibt aber hinter einer systematischen darstellenden Analyse aus sozioökonomischer und branchengeschichtlicher Perspektive zurück.

2. Die Weimarer Republik

Die Darstellung der Eisenbahngeschichte ist sowohl aus politikgeschichtlicher als auch aus unternehmensgeschichtlicher Perspektive außerordentlich komplex. Auf der politischen Ebene änderten die Eisenbahnen innerhalb von 14 Jahren zweimal grundlegend ihre Rechtsform und wurden einmal internationalisiert und wieder renationalisiert. Die Verreichlichung der Länderbahnen, die zu den wichtigsten Veränderungen im Rechtsverhältnis und in den Finanzbeziehungen zwischen den Ländern und dem Reich gehört, wird von Manfred Pohl und Susanne Kill in einer ausgewogenen Synthese aus Politikgeschichte und Unternehmensgeschichte dargestellt [177: POHL/KILL, Von der Staatsbahn zur Reichsbahn, in: 114: GALL/POHL, Eisenbahn in Deutschland, 71–107]. Der Beitrag von Pohl und Kill räumt mit der damals geprägten und noch lange tradierten Legende von der schweren Reparationslast für die Eisenbahn als Folge des Waffenstillstandsabkommens und des Versailler Vertrages auf. Die Autoren weisen überzeugend nach, dass die Reichsbahn mittelbar von den hohen Reparationen profitierte und dank der Grundsatzentscheidung für Vollbeschäftigung anstatt für die Währungsstabilisierung eine grundlegende technische Modernisierung durchführen konnte. Durch die Inflation und die Bereitschaft der Reichsregierung zur Deckung eines immer höheren Defizits begünstigt, gelang der Reichsbahn eine Modernisierung ihres Lok- und Wagenparks durch ein massives Beschaffungsprogramm. Lange tradierte Klischeevorstellungen von einem vermeintlichen Angebot Hugo Stinnes', die Reichseisenbahn durch ein Industriekonsortium zu erwerben, werden entmythologisiert.

Legende der Reparationslast

Unternehmensgeschichte der DRG

Die bislang fundierteste und gründlichste Gesamtdarstellung zur Eisenbahngeschichte der Weimarer Republik wurde 1999 vom amerikanischen Wirtschaftshistoriker Alfred C. Mierzejewski veröffentlicht [160: MIERZEJEWSKI, Most Valuable Asset, Bd. 1]. Seine detailgenaue und quellengesättigte Monografie konzentriert sich auf die Gründungsgeschichte, die Geschäftspolitik und die Unternehmensentwicklung der Deutschen Reichsbahn-Gesellschaft. Mierzejewskis besondere Stärken liegen vor allem in der gründlichen Analyse ihrer Beschaffungs- und Investitionspolitik, die ein hohes Maß an Sachkenntnis über die betriebswirtschaftlichen Grundlagen der Eisenbahn verrät. Mierzejewski weist anhand seiner finanzwirtschaftlichen und investitionspolitischen Analysen schlüssig nach, dass die zeitgenössischen und über lange Zeit tradierten Thesen von einer „Aushöhlung“ der Reichsbahn durch die Reparationsauflagen des Dawes-Plans lediglich als Zweckpropaganda anzusehen sind. Die Reichsbahn konnte aus eigener Kraft umfangreiche Modernisierungs- und Erhaltungsinvestitionen auf Vorrat finanzieren, von denen sie in der Weltwirtschaftskrise und auch in der nationalsozialistischen Aufrüstungskonjunktur noch zehrte. Mierzejewskis Darstellungen zur Organisationsentwicklung zeigen auch, dass die Umstellung vom gemeinwirtschaftlich orientierten Regiebetrieb zum kaufmännisch geführten Unternehmen von großen Teilen der Eisenbahnbeamten nur mit inneren Reserven nachvollzogen wurde. Das traditionelle Selbstverständnis des Reichsbeamten blieb von den organisatorischen Veränderungen ebenso unberührt wie das Beharren auf einer kameralistischen Buchführung. Personalpolitik und Rationalisierung der Deutschen Reichsbahn-Gesellschaft sind auch Gegenstand einer Monografie von Jan-Henrik Peters, die die Befunde von Mierzejewski noch ergänzt [172: PETERS, Personalpolitik und Rationalisierungsbestrebungen der DRG].

Spannungsverhältnis DRG-Reichsregierung

Unabhängig von Mierzejewskis Standardwerk entstand der Beitrag von Eberhard Kolb über die Deutsche Reichsbahn-Gesellschaft [146: KOLB, Vom Dawes-Plan zum Ende der Weimarer Republik, in: 114: GALL/POHL, Eisenbahn in Deutschland, 109–163]. Die besonderen Stärken dieses Beitrages liegen in der sachkundigen Darstellung des vielfach gespannten Verhältnisses zwischen Reichsbahn und Reichsregierung. Der Konflikt beruhte nicht nur auf dem Gegensatz zwischen unternehmenswirtschaftlichen Rentabilitätsinteressen und gemeinwirtschaftlichen Anforderungen, sondern spiegelte auch die Irritationen der Reichsregierung über den verlorenen Einfluss auf die Besetzung von Spitzenämtern wider. Kolb zeigt sehr anschaulich, wie die Reichsregierung wiederholt und meist vergeblich versuchte, die Reichsbahn trotz ihrer eingeschränkten Aufsichts- und Genehmigungsrechte in personalpolitischen und tarifpolitischen Fragen auf Regierungskurs zu bringen. In einem lesenswerten Exkurs zur wachsenden Konkurrenz zwischen Eisenbahn und LKW schildert Kolb die politischen Bemühungen des Reichsbahnvorstandes um eine Einschränkung der motorisierten Konkurrenz. In einer Mischung aus haushälterischem Pragmatismus und aggressiver Marktordnung entschied sich der Reichsbahnvorstand für den Kauf der größten deutschen Spedition Schenker & Co., die bei der Reichsbahn mit hohen Darlehensschulden im Obligo stand. Der Beitrag von Kolb und ein ausführlicher Beitrag von Gerhard Kock [145: KOCK, Kampf um das Monopol, in: Festschrift Eberhard Kolb] zeigen die empörte Reaktion der Mittelstandslobby auf den Versuch der Reichsbahn, die mittelständischen Spediteure zu Auftragsunternehmern der Bahn zu degradieren. Die Habilitationsschrift von Thomas A. Bartolosch [92: BARTOLOSCH, Eisenbahntarife als wirtschaftspolitisches Instrument] behandelt an einem regionalen Fallbeispiel den Stellenwert der Eisenbahn-Tarifpolitik für regionalwirtschaftliche Entwicklungsprozesse und vor allem für die Erhaltung auf Dauer nicht konkurrenzfähiger Industrien. Bis in die fünfziger Jahre waren die so genannten Ausnahmetarife ein ebenso wichtiges wie politisch umstrittenes Instrument im Konkurrenzkampf regionaler Industrien. Erst nach der Gründung der Montanunion und der EWG und der Schaffung eines europäischen Binnenmarktes wurde die einseitige Bevorteilung inländischer Verfrachter durch Sondertarife untersagt. Als empirische Datengrundlage zur Eisenbahngeschichte des 19. und des 20. Jahrhunderts liegt die sehr hilfreiche Statistik der Eisenbahnen in Deutschland vor [112: FREMDLING U.A., Statistik der Eisenbahnen], die die Kompilation zuverlässiger und kompatibler Basisdaten erheblich erleichtert.

Mikroökonomie des LKW-Verkehrs

Die technische und wirtschaftliche Entwicklung des LKW vom Zubringer der Eisenbahn zu einem ernst zu nehmenden Konkurrenten im Fernverkehr ist Gegenstand einer 1999 veröffentlichten Dissertation von Frank Lippert [158: LIPPERT, Kraftwagenverkehr und Rationalisierung]. In seiner mikroökonomisch angelegten Untersuchung kommt Lippert zu dem Ergebnis, dass der LKW dank technischer Fortschritte im Fahrzeugbau seine wirtschaftliche Reichweite, in der er mit den Tarifen der Reichsbahn konkurrierte, bei Transporten von hochwertigen Fertigwaren bis Anfang der dreißiger Jahre auf über 200 km ausdehnen konnte. Der größere Teil des LKW-Verkehrs fand jedoch im Nahverkehrsbereich bis 50 km statt, wo der LKW vor allem im Lieferverkehr des Einzelhandels und der konsumnahen Industriezweige eingesetzt war.

Die Verbreitung des PKW und sein verzögerter Durchbruch zum Massenkonsumgut werden in der längsschnitthaften Dissertation von Heidrun Edelmann behandelt [110: EDELMANN, Vom Luxusgut zum Gebrauchsgegenstand]. Edelmanns Studie behandelt vor allem die Entwicklung der staatlichen Kraftverkehrspolitik im Spannungsfeld fiskalischer Zwänge, ordnungspolitischer Ziele und konkurrierender Verbandsinteressen. Sie kommt ebenso wie Angela Zatsch [216: ZATSCH, Staatsmacht und Motorisierung am Morgen des Automobilzeitalters] zu dem Ergebnis, dass die staatliche Steuerpolitik die Motorisierung dadurch behinderte, dass sie im Gegensatz zu Großbritannien und Frankreich die Autohaltung weiterhin wie ein Luxusgut besteuerte. Die Verkehrspolitik der Weimarer Republik schuf damit nicht die erforderlichen institutionellen und infrastrukturellen Voraussetzungen für die Motorisierung der deutschen Gesellschaft. Die prozyklische Steuerpolitik in der Weltwirtschaftskrise verstärkte noch die Absatzkrise der Autoindustrie.

Binnenschifffahrt

Die historische Darstellung der Binnenschifffahrt des 20. Jahrhunderts in Überblicksdarstellungen steht noch am Anfang. Die von Eckoldt herausgegebene Monografie [109: ECKOLDT, Flüsse und Kanäle] zur Geschichte der deutschen Wasserstraßen ist ein erster Schritt auf dem Weg zu der noch fehlenden Geschichte des Kanalbaus, ihrer wirtschaftspolitischen Hintergründe und ihrer regionalwirtschaftlichen Auswirkungen. Die von Andreas Kunz herausgegebene Statistik der Binnenschifffahrt in Deutschland [46: KUNZ, Statistik der Binnenschifffahrt] ist ein außerordentlich hilfreiches und zuverlässiges Hilfsmittel für alle künftigen empirischen Studien zur bislang noch vernachlässigten Geschichte der Binnenschifffahrtspolitik.

3. Das nationalsozialistische Deutschland

Motive des Autobahnbaus

Während sich die verkehrsgeschichtliche Forschung zur Weimarer Republik lange Zeit auf die wechselhaften Beziehungen zwischen Reichsbahn und Reichsregierung konzentrierte, steht die Motorisierungs- und Straßenbaupolitik im Zentrum der verkehrsgeschichtlichen Forschung über das „Dritte Reich". Bereits in den fünfziger Jahren stellte die Monografie von Karl Kaftan [137: KAFTAN, Der Kampf um die Autobahnen] die Ursprünge des Autobahnkonzeptes im „HAFRABA"-Verein und seine Adaptierung durch Fritz Todt dar. Kaftan gehörte selbst zu den frühen Propagandisten der Autobahnidee in Deutschland. Er konzentrierte sich vor allem auf den Nachweis, dass die Autobahnen keine originär nationalsozialistische Idee waren. In den siebziger Jahren folgte die Monografie des ostdeutschen Historikers Karl Lärmer [156: LÄRMER, Autobahnbau in Deutschland 1933 bis 1945]. Im Sinne der traditionellen marxistisch-leninistischen Faschismustheorie bemühte sich Lärmer um den Nachweis, dass der Bau der Autobahnen von den großen Monopolunternehmen initiiert und gesteuert wurde. In seinem empirischen Teil bleibt Lärmer jedoch den ökonomischen Beweis schuldig, dass der Autobahnbau vorwiegend der Großindustrie nützte. Die geringen Angebots- und Nachfrageeffekte des Autobahnbaus für die Industrie [126: HENNING, Kraftfahrzeuge und Autobahnbau] sprechen eher gegen die These von der wirtschaftlichen Interessiertheit der Großunternehmen an diesem Projekt.

Die Thesen von dem Primat der Ökonomie im Nationalsozialismus wurden von der sozioökonomischen Nationalsozialismusforschung zunehmend erschüttert. Bereits vor dem Zusammenbruch der kommunistischen Einparteienherrschaften löste sich ein Großteil der marxistischen Historiker Westeuropas in der historiografischen Auseinandersetzung mit der NS-Herrschaft von der kanonisierten „Dimitroff-These", welche die faschistische Herrschaft als „Herrschaft der reaktionärsten Kräfte des Monopolkapitals" definierte. Auch die These von der militärischen Zweckbestimmung des Autobahnbaus wurde durch neuere militärgeschichtliche Forschungen widerlegt. Neuere Forschungen zum Transportwesen und zur Logistik der Wehrmacht [194: SCHÜLER, Logistik im Rußlandfeldzug] zeigen vielmehr, dass das

Militärische Motive

Oberkommando des Heeres (OKH) spätestens ab 1938 auf die absolute Priorität für den Ausbau des Eisenbahnnetzes drängte und dem Autobahnbau nur geringe strategische Bedeutung beimaß. Ungeachtet ihrer potenziellen Eignung für die schnelle Verlagerung großer motorisierter Truppenverbände erzwang die geringe Motorisierung der Wehrmacht und die angespannte Treibstoff- und Reifenversorgung den Truppentransport auf der Schiene. Aus der Sicht der Luftverteidigung galt das deutlich sichtbare helle Betonband der Autobahn eher als ein zusätzlicher Risikofaktor, der einfliegenden Bomberverbänden die Orientierung über dem Reichsgebiet erleichterte. Verdienstvoll ist hingegen Lärmers Darstellung der Arbeitsbedingungen, denen die Notstandsarbeiter und Arbeitsdienstleistenden auf den Baustellen der Reichsautobahn ausgesetzt waren. Seine Darstellung verzweifelter illegaler Protesthandlungen bishin zur Arbeitsniederlegung erschließt eine lange Zeit vernachlässigte Facette der nationalsozialistischen Arbeiterpolitik, die aus ähnlicher erkenntnisleitender Perspektive auch von Timothy Mason [50: Mason, Arbeiterklasse und Volksgemeinschaft] und den zeitgenössischen Deutschland-Berichten des SPD-Exilvorstandes [78: Sopade, Deutschland-Berichte] erschlossen wurde.

symbolische und ästhetische Aspekte

Neuere Monografien zur nationalsozialistischen Straßenbaupolitik untersuchen vor allem die symbolischen und ästhetischen Aspekte des Autobahnbaus. Eine Studie von Rainer Stommer [205: Stommer, Reichsautobahn. Pyramiden des Dritten Reiches] behandelt vor allem den Aspekt der Herrschaftssymbolik. Andere, zum Teil kunsthistorisch beeinflusste Arbeiten [214: Windisch-Hojnacki, Die Reichsautobahn] beschäftigen sich mit dem Einsatz neoklassizistischer bzw. pseudoklassizistischer Stile in der Herrschaftssymbolik und der Verwendung regionaltypischer Architektur in Nebenbauwerken wie Raststätten. Zu den faszinierenden Aspekten des Autobahnbaus, die in der Forschungsliteratur behandelt werden, gehört auch die Koexistenz von ingenieurtechnischen Zweckbauten im Stil der Moderne (wie Tankstellen und Hängebrücken) und historisierenden Repräsentationsbauten und Landmarken. Andere Arbeiten, die zum Teil durch die apologetisch gefärbten Lebenserinnerungen von handelnden Zeitzeugen ergänzt werden [76: Seifert, Ein Leben für die Landschaft], beschäftigen sich mit den organizistischen Konzepten der Linienführung und Trassenbepflanzung, durch die ein besonderes Fahrerlebnis und eine gesteigerte ästhetische Wahrnehmung der Landschaft gefördert wurde. Vielen neueren Arbeiten ist die Konzentration auf den utopischen Überschuss der Motorisierungspolitik und der enge Bezug zu den propagandistischen und

Mythenbildung

symbolischen Aspekten des Autobahnbaus gemein. Die neuere Literatur geht auch der Mythenbildung um die „Straßen des Führers" nach, die von Anbeginn durch den Generalinspektor Fritz Todt gesteuert wurde [195: Schütz/Gruber, Mythos Reichsautobahn]. An der Entstehung des Autobahnmythos wird deutlich, dass die Autobahnen über ihre materielle und symbolische Funktion als „Verbindung der deutschen Gaue" hinaus keine rationale wirtschaftspolitische oder verkehrspolitische Rechtfertigung benötigten. Die zählebige Legende über die Autobahn als Überwinderin der Massenarbeitslosigkeit sollte vor allem das Gefühl der Volksgemeinschaft stärken und der Kritik begegnen, dass die Autobahnen nur einem kleinen privilegierten Kreis von Autobesitzern nützen würden. Die Langlebigkeit des Autobahnmythos erklärt sich neben der erfolgreichen Traditionsstiftung durch propagandistische Inszenierungen vor allem daraus, dass die Autobahnen Zukunftsinvestitionen waren. Ihre mobilitätsfördernde Bedeutung sollte erst mit dem Einsetzen der Massenmotorisierung zum Ende der fünfziger Jahre hin sichtbar und er-fahrbar werden.

Anfänge des Massentourismus

Die Entwicklung des Massentourismus ist mit der Verkehrsgeschichte eng verknüpft. Hasso Spode [201: Spode, Arbeiterurlaub im Dritten Reich] datiert den Beginn des Massentourismus in die Zeit des „Dritten Reiches", während Christine Keitz [138: Keitz, Anfänge des modernen Massentourismus] die Anfänge des Massentourismus mit Hinweis auf das „soziale Reisen" einer proletarischen Avantgarde bis in die Weimarer Republik zurückverlegt. Spode stützt seine umstrittene These vor allem auf die Aktivitäten der NS-Organisation „Kraft durch Freude" als dem weitaus größten Reiseveranstalter in Deutschland. Die KdF profitierte dank ihrer Begünstigung durch die Reichsbahn, durch ihre Einkaufsmacht als Großveranstalter und dank hoher Subventionen durch die Deutsche Arbeitsfront von besonders guten Angebotsbedingungen, so dass sie ihre Pauschalreisen deutlich günstiger als die private Konkurrenz anbieten konnte. Ungeachtet des deutlich höheren Anteils an Reisenden aus der unteren und der mittleren Mittelschicht brachte die KdF noch nicht den Durchbruch der Urlaubsreise zum Schichten übergreifenden Massenkonsumgut [246: König, Geschichte der Konsumgesellschaft]. Das Einkommensniveau der unteren Gesellschaftsschichten und die geringen tariflichen Urlaubsansprüche von Arbeitern verhinderten, dass der jährliche Erholungsurlaub zum Allgemeingut werden konnte. Auch ohne den Krieg hätten die wirtschaftlichen Grundlagen gefehlt, um die euphorischen Pläne des Arbeitsfront-Führers Robert Ley von einem jährlichen, zwei Wochen langen Pauschalurlaub für alle deutschen Arbeitnehmer zu verwirklichen.

Wirksamkeit der Motorisierungsförderung

Was die Motorisierungspolitik des NS-Regimes betrifft, so haben neuere Forschungen eine Revision der traditionellen These vom besonderen Stellenwert der Motorisierung für die Politik des Regimes eingeleitet. Neuere Untersuchungen zur Kraftverkehrspolitik des „Dritten Reiches" [110: EDELMANN, Vom Luxusgut zum Gebrauchsgegenstand; 169: OVERY, Cars, roads and economic recovery] betonen auch weiterhin die nachfragesteigernde Wirkung der motorisierungsfreundlichen Steuergesetzgebung, stellen aber auch Brüche in der Verkehrspolitik fest. Obwohl sich die gesamte Straßenbaupolitik in der Hand des Generalinspektors Fritz Todt konzentrierte, blieb die Ordnung des Verkehrs und des Wettbewerbs zwischen Straße und Schiene weiterhin in den Händen der eisenbahnfreundlichen und wettbewerbsfeindlichen Beamten des Reichsverkehrsministeriums. Die institutionelle Zersplitterung von Weisungs- und Gestaltungskompetenz, die für die polykratischen Herrschaftsstrukturen des „Dritten Reiches" so kennzeichnend ist, wird auch für die Verkehrspolitik konstatiert [147: KOPPER, Modernität oder Scheinmodernität nationalsozialistischer Verkehrspolitik]. Kopper argumentiert, dass die Zersplitterung der Verkehrspolitik zuallererst für die restriktive, den LKW benachteiligende Wettbewerbspolitik verantwortlich war. Die wettbewerbsbeschränkende Verkehrspolitik der späten Weimarer Republik wurde fortgesetzt und sogar institutionell verfestigt. Fritz Todt und der Kraftverkehrslobby gelang lediglich die Verhinderung eines Gesetzesentwurfs, der die Monopolisierung des Güterfernverkehrs durch die Reichsbahn besiegelt hätte [160: MIERZEJEWSKI, Most Valuable Asset, Vol. 2; und 147: KOPPER]. Mit der Einrichtung des Reichs-Kraftwagen-Betriebsverbandes und der Einführung der Konzessionspflicht erlangte das Reichsverkehrsministerium eine vollständige Kontrolle über die Preispolitik und das Frachtraumangebot des gewerblichen Güterfernverkehrs, den es bislang noch nicht erreicht hatte [185: ROHDE, Transportmodernisierung contra Verkehrsbewirtschaftung]. Einerseits entsprachen die motorisierungsfördernden Effekte der degressiven Steuersätze für schwere LKW ganz dem Interesse des Heeres, den Bestand an schweren LKW für den Mobilisierungsfall zu vergrößern. Andererseits blieb die Straßenverkehrsgesetzgebung erheblich hinter den Erwartungen des mittelständischen Spediteurgewerbes zurück, das eine Preisbindung der LKW-Tarife an die Reichsbahntarife und eine kartellistische Angebotsordnung als Preis für den Schutz vor den Monopolisierungsversuchen der Reichsbahn akzeptieren musste.

Förderung oder Behinderung des LKW

Volkswagen – propagandistische Illusion

Auch der Volkswagen, neben der Reichsautobahn das Kernstück nationalsozialistischer Motorisierungspolitik, wurde in der neueren Forschung entmystifiziert. Nach Heidrun Edelmanns längsschnittartiger Darstellung zur Kraftfahrzeugindustrie und Motorisierungspolitik zeigten zuletzt Hans Mommsen und Manfred Grieger [161: MOMMSEN, Das Volkswagenwerk im Dritten Reich] eindrucksvoll, dass Hitlers Zielvorgaben für das Projekt Volkswagen von Anfang an unrealistisch waren. Der zunächst mit dem Volkswagenprojekt betraute Reichsverband der Automobilindustrie gab das VW-Projekt 1936 auf, da alle Kalkulationen für einen Kleinwagen in Massenproduktion erheblich über Hitlers Zielvorgabe von 1000 Reichsmark lagen. Hitlers immer wieder öffentlich vertretene Volkswageneuphorie stand im diametralen Gegensatz zu den realen Kostenverhältnissen, zu denen sich im Zuge der Aufrüstung ab 1937 zunehmende Probleme durch die Rohstoffbewirtschaftung und die Facharbeiterknappheit gesellten. Mommsen und Grieger zeigen, wie der Vorstandsvorsitzende der BMW AG die zunächst abstrus scheinende Idee entwickelte, die DAF als finanzstärkste Gliederung der NSDAP mit dem Bau des Volkswagenwerks zu betrauen. Ungeachtet der Warnungen des DAF-eigenen Arbeitswissenschaftlichen Instituts griff DAF-Führer Robert Ley, der ständig nach der Ausdehnung der wirtschaftlichen Macht der Arbeitsfront strebte, den Vorschlag der Autoindustrie bereitwillig auf. Mommsens Studie zeigt deutlich die Probleme, die sich für das VW-Werk aus dem Übergang zur Rüstungswirtschaft ergaben. Zu Kriegsbeginn gab es nicht einmal ein militärisch nutzbares Volkswagenmodell, so dass die Materialzuteilungen für die Autoproduktion erheblich gekürzt wurden. Aus Furcht vor dem Verlust an Arbeitskräften, Baukapazitäten und Maschinen lastete die Werksleitung das Werk zunächst provisorisch mit Teilefertigungen für die Luftfahrtindustrie aus. Die kriegswirtschaftliche Improvisation hörte erst nach einer längeren Such- und Planungsphase auf, nach der das Werk wieder seinem eigentlichen Zweck als Autofabrik diente. Die Auslastung des VW-Werks durch Rüstungsproduktion und die Anforderung und Ausbeutung von Zwangsarbeitern durch die Werksleitung wurden auch von Klaus-Jörg Siegfried dokumentiert [200: SIEGFRIED, Zwangsarbeiter im Volkswagenwerk].

Fordismus

Für das erhebliche Wachstum der Autoindustrie war jedoch weniger die Kraftverkehrspolitik des Regimes als die Durchsetzung moderner Massenproduktionsverfahren („Fordismus“) verantwortlich, die ansatzweise bereits in den späten zwanziger Jahren bei der deutschen General-Motors-Tochter Opel begann [162: NELIBA, Die Opel-Werke im Konzern von General Motors]. Reinhold Billsteins Buch über die deutschen Ford-Werke [96: BILLSTEIN, Working for the enemy] behandelt die Verstrickung der deutschen Konzerntöchter amerikanischer Unternehmen in die Ausbeutung von Zwangsarbeitern. Dieser Aspekt der Branchengeschichte fand im Zuge der deutsch-amerikanischen Verhandlungen über Entschädigungszahlungen an Zwangsarbeiter ein erhöhtes Interesse der politischen Öffentlichkeit innerhalb und außerhalb Deutschlands.

Die Preise für PKW hatten sich von 1925 bis Januar 1933 fast halbiert und fielen bis 1936 „nur“ noch um weitere 15%, was auf eine eher zurückhaltende Anwendung fordistischer Produktionsweisen in der deutschen Autoindustrie hindeutet. Richard Overy zeigt in seiner Untersuchung über die Autokonjunktur der dreißiger Jahre eindrucksvoll, dass sich die Eigenkapitalausstattung der deutschen Autoindustrie von 1933 bis 1936 fast verdoppelte und ihre Gewinne bereits 1935 die besten Ergebnisse vor der Weltwirtschaftskrise weit übertrafen [169: Overy, Cars]. Die zweifellos vorhandene Stimulation des PKW-Absatzes durch die Steuerbefreiung für Neufahrzeuge war 1936 wieder verpufft. Die besondere Förderung der PKW-Produktion erfolgte, wie Hansjoachim Henning [126: Henning, Kraftfahrzeugindustrie und Autobahnbau] zeigte, nicht aus rüstungspolitischen Erwägungen, sondern aus konjunkturpolitischen Motiven. Eine Monografie des Pädagogen Dietmar Fack [111: Fack, Automobil, Verkehr und Erziehung] beschäftigt sich mit einem gänzlich anderen Aspekt der Motorisierung, der in der historischen Forschung längere Zeit übersehen wurde: der Anpassung des Menschen an die Gefahren des Straßenverkehrs. Seine Arbeit zeigt, dass bereits vor der Massenmotorisierung umfangreiche Bemühungen privater und öffentlicher Initiativen einsetzten, um die Verkehrsteilnehmer zu Vorsicht und Verantwortung im Straßenverkehr zu erziehen. Schon bevor die Zahl der jährlichen Verkehrsopfer in publizierten Statistiken in das öffentliche Bewusstsein stieg, wurden die Verkehrsopfer als ein hoher Preis des technischen Fortschrittes angesehen, den es zu reduzieren galt. Der Sammelband von Harry Niemann und Armin Herrmann zur Verkehrssicherheit [167: Niemann/Herrmann, Geschichte der Straßenverkehrssicherheit] fasst die Ergebnisse der neueren Forschung auf diesem Gebiet zusammen.

militärgeschichtliche und eisenbahntechnische Erkenntnisinteressen

Trotz ihres Status als umsatzstärkstes Unternehmen und größter Arbeitgeber des Deutschen Reiches wurde die Geschichte der Reichsbahn im „Dritten Reich“ sehr lange von ernst zu nehmenden wissenschaftlichen Historikern vernachlässigt. Zu den ersten wissenschaftlichen Arbeiten gehört die Studien von Alfred B. Gottwaldt [118: Gottwaldt, Deutsche Eisenbahnen im Zweiten Weltkrieg], die sich mit den Anpassungsproblemen der Reichsbahn an die kriegswirtschaftlichen und militärischen Anforderungen beschäftigt. Eine bereits etwas ältere Arbeit des Eisenbahn- und Militärhistorikers Hans Pottgießer [179: Pottgies-

SER, Die Reichsbahn im Ostfeldzug] und die auf umfangreichem Quellenstudium fußende Monografie von Eugen Kreidler [152: KREIDLER, Eisenbahnen im Machtbereich der Achsenmächte] behandeln die Vorbereitungen der Reichsbahn für die „Operation Barbarossa" und die mannigfaltigen technischen und logistischen Probleme, die sich dem Eisenbahnbetrieb im besetzten Teil der Sowjetunion stellten. Die primär technikgeschichtliche Studie von Kreidler [117: GOTTWALDT, Kriegslokomotiven] setzt sich speziell mit der Entwicklung und dem Bau der so genannten Kriegslok (Baureihe 52) auseinander, die als vereinfachter und robuster Bautyp in über 6000 Exemplaren gefertigt wurde, um dem katastrophalen Lokmangel infolge der Überdehnung der Transportwege zu begegnen. Beide Arbeiten konzentrieren sich auf die Fragestellung, welche politischen und wirtschaftlichen Entscheidungen und Einflussfaktoren für die verspätete Anpassung der Reichsbahn an die Erfordernisse des totalen Krieges verantwortlich waren.

Eine neuere Arbeit Alfred Gottwaldts [120: GOTTWALDT, Julius Dorpmüller] behandelt am Beispiel des legendären Reichsbahn-Generaldirektors Julius Dorpmüller die Frage, inwieweit die Leitung der Reichsbahn und die Reichsbahn als Institution in die Kriegspolitik und in die Rassenpolitik des Regimes verstrickt war und wie sie den politischen Loyalitäts- und Konformitätsansprüchen begegnete. Gottwaldt enthüllt das für die Eisenbahnerelite typische, vermeintlich unpolitische Selbstverständnis Dorpmüllers. Dorpmüller war der NSDAP erst 1940 formal beigetreten, hatte aber seit 1933 die politische Selbstgleichschaltung der Reichsbahn betrieben und sich den politischen Vorgaben des Regimes eher freiwillig angepasst als unwillig gebeugt. Während Gottwaldts Arbeit einen fundierten und kritischen Einblick in das politische Weltbild und das professionelle Selbstverständnis der deutschen Eisenbahnerelite vermittelt, zeichnet sich eine konkurrierende Veröffentlichung von Hans Bock und Franz Garrecht [98: BOCK/GARRECHT, Julius Dorpmüller – Ein Leben für die Eisenbahn] durch distanzlose Apologetik aus. Sie vermittelt ungewollt einen Einblick in die mentale Disposition zahlreicher Eisenbahner, die das unkritische „Funktionieren" der Reichsbahner selbst bei der Deportation der europäischen Juden in die Vernichtungslager möglich machte.

Selbstverständnis und Anpassung der Eisenbahnerelite

Das Buch des Nestors der amerikanischen Holocaust-Forschung über die Organisation und Durchführung der Deportationstransporte [129: HILBERG, Sonderzüge nach Auschwitz] vermittelt den bislang tiefsten Einblick in die Zusammenarbeit zwischen Adolf Eichmanns Judenreferat im Reichssicherheitshauptamt (RSHA), der Generaldirektion der Reichsbahn in Berlin und der Generaldirektion der Ostbahn

Reichsbahn und Holocaust

(Gedob) im Generalgouvernement Polen. Hilbergs Buch zeigt eindrucksvoll, dass die Reichsbahn Eichmanns Bestellungen für Deportationszüge durch einen untergeordneten Referenten bearbeiten ließ und diese Zuganforderungen ganz emotionslos als eine fahrplantechnische und tarifliche Routineangelegenheit behandelte. Lediglich im Sommer 1942, als das RSHA auf dem Höhepunkt der Sommeroffensive an der Ostfront eine größere Zahl von Deportationszügen von Warschau in die Vernichtungslager anforderte, schaltete Himmlers persönlicher Referent Karl Wolff den Stellvertretenden Reichsbahn-Generaldirektor Ganzenmüller ein. Ganzenmüller erfüllte den Wunsch nach einer höheren Prioritätseinstufung für Deportationszüge trotz des dringenden Bedarfs an Wehrmachts- und Rüstungstransporten. Er demonstrierte damit die Willfährigkeit der Reichsbahnverwaltung, ungeachtet ihres Mitwissen um den Zweck der Transporte Beihilfe zum Vernichtungsprozess zu leisten.

verengtes Verantwortungsbewusstsein der Eisenbahnerelite

Ein Ausblick auf den Strafprozess gegen Ganzenmüller zeigt anschaulich, mit welcher Mischung aus professionell verengtem Verantwortungsbewusstsein und Korpsgeist leitende Reichsbahnbeamte ihre Mitschuld leugneten und ihre belasteten Kollegen zu decken versuchten. Die Weigerung, eine individuelle und kollektive Mitverantwortung wenigstens einzuräumen, und eine völlige Ausblendung der eigenen Rolle zeigt sich auch im Rückblick eines leitenden Beamten der Ostbahn, der wie fast alle seine Kollegen seine Karriere ohne eine Zäsur bei der Bundesbahn fortsetzen konnte. In einem immerhin 80 Seiten langen eisenbahnhistorischen Aufsatz gelingt es dem Verfasser [173: PISCHEL, Die Generaldirektion der Ostbahn], das Thema der Deportationszüge nur ganz am Rande zu erwähnen. Diese Unterlassung war sicher nicht überwiegend darauf zurückzuführen, dass die Deportationszüge weniger als ein Promille der täglich gestellten Güterzüge ausmachten und daher nur wenig Aufmerksamkeit genossen. Eine Arbeit des Nationalsozialismus-Historikers Kurt Pätzold [170: PÄTZOLD/SCHWARZ, Franz Novak – der Transportoffizier Adolf Eichmanns] vermittelt eine tiefen ergänzenden Einblick in die Motivation eines SS-Offiziers, der als „rechte Hand“ Eichmanns die Transporte in die Vernichtungslager organisierte.

Ursachen des Zusammenbruchs

Alfred C. Mierzejewskis materialreiche und quellengesättigte Monografie über den Zusammenbruch des Eisenbahnverkehrs am Kriegsende [159: MIERZEJEWSKI, Bomben auf die Reichsbahn] erläutert, weshalb die Reichsbahn erst ab dem Herbst 1944 unter dem Eindruck der alliierten Bombenangriffe an ihren Transportaufgaben scheiterte. Er zeigt, dass erst die konzentrierten Luftangriffe der US Air

Force und der Royal Air Force auf die wichtigsten Rangierbahnhöfe des Ruhrgebiets und die Hauptbahnlinien vom Ruhrgebiet in Richtung Osten die essenziell wichtige Kohleversorgung unterbrechen und damit die Kriegswirtschaft lahm legen konnten. Die Stäbe der alliierten Luftstreitkräfte kamen erst mit Verspätung zu der entscheidenden Erkenntnis, dass nicht nur die Anlagen für die Erzeugung synthetischen Treibstoffs, sondern auch die Bahnlinien von und zum Ruhrgebiet die Achillessehne der deutschen Kriegswirtschaft waren.

Während sich Mierzejewskis Monografie auf die Endphase der Reichsbahn im Krieg konzentriert, stellt Klaus Hildebrands Beitrag über die Reichsbahn im „Dritten Reich" eine facettenreiche Überblicksdarstellung dar [130: Hildebrand, Die Deutsche Reichsbahn in der nationalsozialistischen Diktatur, in: 114: Gall/Pohl, 165–243]. Hildebrand zeigt in seinem Beitrag sehr eindrücklich, wie der Vorstand der Deutschen Reichsbahn-Gesellschaft den autonomen Status der Reichsbahn schon vor ihrer offiziellen Wiedereingliederung in die Reichsverwaltung aufgab. Der Vorstand der Reichsbahn führte die personalpolitische Selbstgleichschaltung ebenso durch wie die Aufhebung der noch verbliebenen Rechte der Länder. Die personalpolitischen Eingriffe der Reichsregierung waren jedoch so unspektakulär, dass der von Dorpmüller verkörperte Eindruck von Kontinuität und Normalität unbeeinträchtigt blieb. Aktive Nationalsozialisten wurden bei Neueinstellungen und Beförderungen zwar bevorzugt, doch hielt die Spitze der Reichsbahn am Vorrang der fachlichen Qualifikation erfolgreich fest. Die Bilanz der Reichsbahn in den sechs „Friedensjahren" bis 1939 war, wie Hildebrand zeigt, durchaus zwiespältig. Während die Reichsbahn auf der einen Seite mit dem „Fliegenden Hamburger" und dem „Fliegenden Kölner" die schnellsten Schnellzüge der Welt auf die Schiene brachte und in Berlin eines der leistungsfähigsten und modernsten Nahverkehrssysteme errichtete, wurden die Elektrifizierung und die Verdieselung des Betriebes aus Mangel an Investitionskapital verlangsamt. Es gehört zu den strukturellen Widersprüchen nationalsozialistischer Politik, dass die politische Führung einerseits die Motorisierung förderte, aber andererseits die Reichsbahn mit dem nicht kostendeckenden Massentransport von uniformierten Parteikolonnen und DAF-Urlaubern betraute. Hildebrand zeigt, dass sich das nationalsozialistische Ideologem einer am Gemeinnutz orientierten Wirtschaft mit dem traditionellen Selbstverständnis der Reichsbahn als einem nicht gewinnorientierten Versorgungsbetrieb deckte. Die Kehrseite der Gemeinnützigkeit waren zu geringe Investitionen, da die Regierung den Kapitalmarkt für die Reichsbahn sperrte und die Reichsbahn ihre Investitionen aus den

Widersprüchlichkeit der NS-Eisenbahnpolitik

zu niedrigen Jahresüberschüssen finanzieren musste. Hildebrands These, dass Hitler den Wettbewerb zwischen Reichsbahn und LKW bewusst förderte und damit Einnahmeverluste der Reichsbahn bewusst in Kauf nahm, wird jedoch von anderen Autoren [147: KOPPER, Modernität oder Scheinmodernität; 185: ROHDE, Transportmodernisierung] bestritten. Trotz seiner Begeisterung für das Auto beschränkte Hitler sich in dem Konflikt zwischen Reichsbahn und Kraftverkehrswirtschaft darauf, ein Fernverkehrsmonopol der Reichsbahn zu verhindern. Das Güterfernverkehrsgesetz von 1935 sollte den Leistungswettbewerb um die Transportqualität fördern. Es hinderte den LKW aber daran, seine Kostenvorteile gegenüber der Bahn in einem Preiswettbewerb zur Geltung zu bringen.

Handlungsspielräume der Reichsbahn

Hildebrand erklärt schlüssig, dass die Reichsbahn zwar nicht zu den Vorreitern und Scharfmachern in der nationalsozialistischen Rassenpolitik gehörte, aber der Umsetzung der Rassenpolitik im eigenen Betrieb nur geringen Widerstand entgegenbrachte. Die Reichsbahn und das Reichsverkehrsministerium verloren vor allem in personalpolitischen Fragen ihre Ermessens- und Handlungsspielräume. Die Entscheidung, ob jüdische Fahrgäste nach dem Novemberpogrom 1938 weiterhin Schlafwagenplätze benutzen durften, fiel ohne vorherige Konsultation Dorpmüllers in einer erregten Debatte zwischen Goebbels und Göring.

Identifikation mit dem Hoheitsbetrieb

Die bislang umfangreichste und gründlichste Darstellung der Eisenbahn im „Dritten Reich" stammt vom amerikanischen Historiker Alfred Mierzejewski [160: MIERZEJEWSKI, Most Valuable Asset, Vol. 2]. In seinem Fortsetzungsband zur Reichsbahngeschichte der Zwischenkriegszeit analysiert Mierzejewski unter anderem die Folgen des Regimewechsels für die Autonomie und die unternehmerischen Handlungsspielräume der Reichsbahn. Da sich ein großer Teil der Reichsbahnbeamten nicht wirklich mit dem Status der Reichsbahn-Gesellschaft als Wirtschaftsunternehmen identifiziert hatte, wurde die „Gleichschaltung" der Reichsbahn mit der Wirtschaftspolitik des Regimes überwiegend begrüßt. Die Führung der Reichsbahn akzeptierte die politischen Vorgaben des Regimes auch dann, wenn sie im offensichtlichen Widerspruch zu den wirtschaftlichen Eigeninteressen der Reichsbahn standen. So beteiligte sich die Reichsbahn bereitwillig an der Arbeitsbeschaffungspolitik des Regimes, obwohl der Einsatz von Notstandsarbeitern in der Gleiserneuerung im Prinzip überflüssig war und das Wirtschaftsergebnis der Reichsbahn nicht verbesserte. Mierzejewskis ebenso detaillierte wie kenntnisreiche Analyse der Investitions- und Beschaffungspolitik zeigt eindrucksvoll, dass sich die Modernisierung der Reichsbahn unter der Wirtschaftspolitik des Regimes trotz aller werbewirksamen Innovationen eher verzögerte. Die rigide antiinflationistische Tarifpolitik der Regierung und die Schließung des Kapitalmarktes hinderten die Reichsbahn daran, ausreichende Investitionsmittel für die Erweiterung ihrer Anlagen zu erwirtschaften. Obwohl die Reichsbahn das logistische Rückgrat der Kriegswirtschaft und der militärischen Kriegsführung werden sollte, wurde sie bis Anfang 1942 zugunsten der Rüstungsindustrie vernachlässigt. Mierzejewski vollzieht klar nach, weshalb die Reichsbahn erst nach dem ersten militärischen Rückschlag an der Ostfront für den „totalen Krieg“ ausgerüstet wurde.

kommunale Verkehrspolitik und Stadtentwicklung

Uwe Grandkes Dissertation [122: Grandke, Kommunale Verkehrspolitik in Münster 1918–1939] behandelt ein weniger spektakuläres Thema, das aber eine exemplarische Bedeutung für die Geschichte der Stadtentwicklung besitzt. Grandke verfolgt die Entwicklung des städtischen Nahverkehrs in der Zwischenkriegszeit, den die verkehrshistorische Forschung bislang weitgehend ignoriert hat. Der Verfasser zeigt, in welchen Maße die städtische Stadtentwicklungspolitik und die Entwicklung des Nahverkehrs miteinander kooperierten bzw. inwiefern die Stadtentwicklung die Nahverkehrspolitik präjudizierte. In Grandkes Arbeit wird deutlich, wie der Trend zu aufgelockerten Siedlungsstrukturen bereits in der Vorkriegszeit den Übergang von der Straßenbahn zum Bus als dem neuen Hauptverkehrsträger des öffentlichen Nahverkehrs einleitete. Grandke erläutert auch, in welcher Weise sich die Wirtschaftlichkeitsinteressen des kommunalen Eigentümers mit dem Grundsatz der Gemeinnützigkeit vereinbaren ließen – ein Verhältnis, das nicht erst seit der Massenmotorisierung zu Beginn der sechziger Jahre Widersprüche aufwarf.

4. Die Bundesrepublik Deutschland

In der Nachkriegszeit vollzog sich der wichtigste und nachhaltigste Einschnitt der deutschen Verkehrsgeschichte seit der Entstehung des Eisenbahnnetzes in der Mitte des 19. Jahrhunderts. Umso überraschender ist es, dass die Historisierung der automobilen Revolution in Deutschland erst in den neunziger Jahren einsetzte und bei weitem noch nicht abgeschlossen ist. Dietmar Klenke [144: Klenke, Bundesdeutsche Verkehrspolitik und Motorisierung] war 1994 der erste Historiker, der eine monografische Darstellung über die Geschichte der bun-

straßenverkehrspolitische Weichenstellungen

desdeutschen Motorisierung veröffentlichte. Klenkes primär politikgeschichtliche Arbeit beschäftigt sich vor allem mit der Frage, welche verkehrspolitischen Weichenstellungen der fünfziger Jahre den Durchbruch des PKW und LKW zum dominierenden Personentransportmittel und Gütertransportmittel ermöglicht haben. Allen zeitgenössischen Fernsehbildern des Bundesverkehrsministers Hans-Christoph Seebohm zum Trotz, der als „Mann mit der Schere" bei der Eröffnung neuer Autobahnabschnitte im kollektiven Gedächtnis der Bundesrepublik haften blieb, lief der bundesdeutsche Straßenbau in den fünfziger Jahren der Verkehrsentwicklung und dem Bedarf hinterher. Klenke weist überzeugend nach, dass die Bundesrepublik noch im erheblichem Maße von den Straßenbauinvestitionen des „Dritten Reiches" zehren musste. Die sozialpolitischen und verteidigungspolitischen Prioritäten und der ausgeprägte fiskalische Konservatismus der Jahre bis 1957 ließen einen bedarfsgerechten Ausbau des Straßennetzes nicht zu. Auch die Steuer- und die Ordnungspolitik des Verkehrs entwickelten sich recht widersprüchlich. Der LKW-Verkehr als Wirtschaftsverkehr profitierte zum einen von den niedrigen Steuersätzen für schwere Fahrzeuge und für Dieselöl, die noch aus der Vorkriegszeit stammten. Wie Klenke anschaulich zeigt, deregulierte die Auflösung des Reichs-Kraftwagen-Betriebsverbandes durch die Besatzungsmächte den geordneten Wettbewerb zwischen Schiene und Straße. Da die Zulassung gewerblicher und werkseigener LKW für den Fernverkehr erst ab 1952 wieder wirksam geregelt wurde, wuchsen die Transportkapazitäten bis zu diesem Zeitpunkt fast explosionsartig. Auch die gesetzlich vorgeschriebene Tarifparität zwischen Straßenverkehr und Bundesbahn stand bis zur Gründung der Bundesanstalt für den gewerblichen Güterverkehr im Jahre 1952 lediglich auf dem Papier und wurde bis dahin mangels öffentlicher Kontrolle vielfach umgangen.

Kräfteverhältnisse in Bundestag und Wirtschaftsverbänden

Demgegenüber galt der private, konsumptive PKW-Verkehr bis 1955 noch als Luxusgut und wurde mit entsprechend hohen Kfz-Steuersätzen belegt. Klenke deutet an, dass der private PKW-Verkehr steuerlich überbelastet wurde und damit den LKW-Wirtschaftsverkehr mittelbar subventionierte. Eine deutsche Besonderheit der Verkehrsbesteuerung, das Fehlen einer Benutzungsabgabe für Autobahnen, lässt sich aus den verkehrspolitischen Debatten der frühen fünfziger Jahre historisch erklären. In seiner detaillierten Analyse des verkehrspolitischen Kräftefelds zeigt Klenke sehr eindrücklich, warum die Ansätze der ordnungspolitisch konservativen Kräfte um Seebohm und das Bundesverkehrsministerium unterliegen mussten, die Konkurrenz des LKW-Verkehrs zum Nutzen der Bahn zu beschränken. Die Stellungnahmen der Montanindustrie zugunsten einer bahnfreundlichen Wettbewerbsregulierung blieben anders als noch Anfang der dreißiger Jahre ohne Folgen, da sich die Kräfteverhältnisse innerhalb der Wirtschaftsverbände zugunsten der weiterverarbeitenden Industrie verschoben hatten. Die verarbeitenden Wirtschaftszweige waren sehr viel weniger als die Schwerindustrie auf niedrige Bahntarife angewiesen. Eine Einschränkung des LKW-Fernverkehrs durch Transportverbote für Massengüter ließ sich nicht gegen die fest gefügten ordoliberalen Grundsätze der Erhard'schen Wettbewerbspolitik durchsetzen. Klenke zeichnet in seiner Analyse der großen Verkehrsdebatte von 1954/55 nach, wie eine Gruppe marktliberaler Kritiker in der Unionsfraktion Seebohm herausforderte, der sein verkehrspolitisches Gesamtpaket nur mit Hilfe des Bundeskanzlers retten konnte.

Auto und Freiheitsidee

Klenke geht auch der Frage nach, weshalb die bundesdeutschen Debatten um Geschwindigkeitsbegrenzungen auf Autobahnen sehr viel stärker als in den Nachbarländern ideologisch aufgeladen und emotionalisiert sind. Klenke zeigt sehr überzeugend, dass der Slogan „Freie Fahrt für freie Bürger" zum einen als eine zeitgenössische Wahrnehmung der Tempolimits als kriegsbedingte Rationierung zu erklären ist. Wichtiger noch war, dass die Automobilclubs die Forderung nach automobiler Selbstbestimmung mit dem ebenso allgemein vertrauten wie populären politischen Topos von Individualismus und Freiheit als humanistisch-abendländischer Antithese zum sozialistischen Kollektivismus und zum Totalitarismus aufladen konnten. Über die Identifikation von individuellen Freiheitsrechten mit dem Recht auf „freie Fahrt" gelang es, dem Konzept der Selbstverantwortung und der freiwilligen Einsicht Vorrang vor der gesetzlichen Regulierung zu verschaffen. Nicht nur seiner technischen Eigenschaften, sondern auch seiner symbolischen Aufladung wegen wurde das Auto in den Rang eines Freiheitssymbols der bundesdeutschen Nachkriegsgesellschaft erhoben.

Klenkes Buch schließt bedauerlicherweise im Jahr 1960 ab, als eine Reform der Straßenbaufinanzierung das Tempo des Fernstraßenbaus erheblich beschleunigte und damit einen Takeoff in der Infrastrukturpolitik initiierte. Ein weiteres Buch von Klenke [142: KLENKE, Freier Stau für freie Bürger] deckt die gesamte Geschichte der bundesdeutschen Straßenverkehrspolitik bis in die späten achtziger Jahre ab. Wegen der dreißigjährigen Sperrfristen für das Archivgut des Bundes und der Länder konnten die innerministeriellen und interministeriellen Entscheidungsprozesse bislang noch nicht im Stil einer wissenschaftlichen historischen Monografie untersucht werden. Klenkes kompakte und prononcierte Gesamtdarstellung der bundesdeutschen Straßenverkehrs-

quantitativer und qualitativer Sprung

politik macht den Bruch zwischen dem verhaltenen Straßenausbau der fünfziger und dem stark erweiterten Straßenneubau der sechziger Jahre deutlich. Es wäre zu wünschen, dass die beginnende Historisierung der bundesdeutschen Gesellschaft der sechziger Jahre [190: SCHILDT, Dynamische Zeiten] die qualitative Modernisierung und das exponenzielle Wachstum des staatlichen Infrastrukturpolitik angemessen berücksichtigt. Für die Verkehrspolitk der sechziger Jahre lässt sich feststellen, was für die Schul- und Hochschulpolitik, die Rechtspolitik sowie für die Wirtschafts- und Finanzpolitik bereits in Ansätzen erforscht ist: Eine erhebliche Erweiterung der gesellschaftlichen Zielbestimmungen, Ansätze für die Integration bislang isolierter sektoraler Planungen, die Entwicklung mittel- und langfristiger Planungshorizonte und die erhebliche quantitative Ausweitung staatlicher Infrastrukturinvestitionen.

regionalhistorische Fallstudien

Im Gegensatz zu Klenke wählte Thomas Südbeck für seine Studie über die Verkehrspolitik der fünfziger Jahre [206: SÜDBECK, Motorisierung, Verkehrsentwicklung und Verkehrspolitik] einen vergleichenden regionalhistorischen Ansatz. Auf der Basis seiner Studie über Hamburg und das Emsland kam er wie Klenke zu dem Ergebnis, dass sich die Verkehrspolitik nur mit Verzögerung dem steigenden Individualverkehr anzupassen vermochte. Südbeck weist am Beispiel Hamburgs und des Emslands überzeugend nach, dass die 1955 und 1960 vollzogenen Reformen der Straßenbaufinanzierung zwar den Bundesfernstraßenbau förderten, aber an den Bedürfnissen der Länder und Gemeinden vorbeigingen. Noch zugespitzter als Klenke konstatiert Südbeck, dass die Verkehrspolitik der fünfziger Jahre der Motorisierung eher hinterherlief, als sie durch einen planmäßigen Ausbau des Straßennetzes zu fördern. Selbst in einem politisch hochrangigen Ausbaugebiet des Bundes wie dem Emsland konzentrierten sich die Förderprogramme des Bundes auf die Verbesserung der Agrarstruktur und gingen an den Bedürfnissen des Straßenverkehrs eher vorbei. Südbeck zeigt, wie private und öffentliche Nahverkehrsbetriebe in den fünfziger Jahren erstmals weite ländliche Räume erschlossen, die zuvor oft nur unzureichend durch die Bahn bedient wurden. Der Bevölkerungsanstieg nach dem Krieg und die zunehmende Freisetzung landwirtschaftlicher Arbeitskräfte induzierte einen erheblichen Bedarf an Berufspendelverkehr, der in den fünfziger Jahren vornehmlich durch neu eingerichtete Buslinien gedeckt wurde.

„spontanes" statt geplantes Wachstum

autogerechte Stadt – Leitbild und Realität

Das Ziel einer „autogerechten Stadt" nach amerikanischem Vorbild stand in der Stadtplanung für Hamburg und andere deutsche Großstädte nicht ernsthaft zur Debatte. Auch nach dem Wiederaufbau folgte der Straßengrundriss überwiegend dem Vorkriegsmuster. Sieht man vom Bau einzelner Hauptdurchgangsstraßen in stark zerstörten Städten ab, sollte die bestehende Bausubstanz mit Rücksicht auf hohe Enteignungskosten und auf konservatorische Prämissen möglichst geschont und die Spitzenbelastung des Berufsverkehrs auch weiterhin von öffentlichen Massenverkehrsmitteln bewältigt werden. Der Ausbau des U- und des S-Bahn-Netzes wurde aufgrund der unzureichenden Investitionsmittel des Hamburger Senats und der Bundesbahn jedoch verzögert. Die ehrgeizigen Planungen für dieses Projekt konnten erst ab 1967 umgesetzt werden, als der Bundestag ein Gesetz zur Förderung kommunaler Verkehrsinvestitionen aus den Mineralölsteuereinnahmen des Bundes verabschiedete.

systemübergreifende Leitbilder

Eine weitere Monografie von Barbara Schmucki [192: SCHMUCKI, Der Traum vom Verkehrsfluss] behandelt die Entwicklung des öffentlichen Nahverkehrs und der Nahverkehrsplanung von 1945 bis in die achtziger Jahre. Die Autorin zeigt in ihrer vergleichenden deutsch-deutschen Studie sehr eindrucksvoll, wie sich die Nahverkehrsplanung in der Bundesrepublik und in der DDR aller politischen und wirtschaftlichen Systemunterschiede zum Trotz an ähnlichen technischen Leitbildern orientierten. Unterschiede in der Entwicklung der Nahverkehrssysteme wie der sehr viel geringere Bestand an U-Bahnen in der DDR und das weit gehende Festhalten ostdeutscher Städte an der Straßenbahn lassen sich nicht durch abweichende Leitbilder, sondern durch mangelnde wirtschaftliche Ressourcen und energiepolitische Vorgaben erklären. In der bundesdeutschen Nahverkehrsgeschichte kann man mehrfache Paradigmenwechsel verorten, die von der Trennung der Verkehrsebenen für den Individualverkehr und den öffentlichen Verkehr bis zur so genannten „Renaissance der Straßenbahn" reichten, bei der ein technisch modernisiertes Verkehrsmittel in den Straßenraum reintegriert wurde.

Landesentwicklung und Verkehrspolitik

Zwei weitere regionalhistorische Beiträge von A. Gall [113: GALL, Verkehrspolitik und Landesplanung 1945 bis 1976] und Rainer Plappert [174: PLAPPERT, Verkehr und Verkehrspolitik] untersuchen in längsschnittartigen Darstellungen die Bedeutung der Verkehrspolitik für die wirtschaftliche Entwicklung der Länder Bayern und Rheinland-Pfalz. Sie zeigen deutlich, dass sich der Stellenwert verkehrspolitischer Entscheidungen innerhalb der regionalen Entwicklungspolitik stetig erhöhte. Der Begriff „Landesentwicklung" ist dabei außerordentlich komplex und schließt neben wirtschaftlichen Entwicklungszielen auch soziale und kulturelle Ziele ein. Die Längsschnittperspektive ist dabei besonders geeignet, um die dynamische Veränderung und die gestiegene Bedeutung der Verkehrspolitik zu erfassen.

historiografische Vernachlässigung der Autoindustrie

Obwohl die tayloristische Massenproduktion erst in den fünfziger Jahren ihren Durchbruch in der deutschen Autoindustrie erzielte, ist die wirtschaftsgeschichtliche Erforschung dieses Verkehrssektors der Nachkriegszeit bislang noch kaum fortgeschritten. Zu den wenigen wissenschaftlichen Überblicksdarstellungen über die Zeitenwende von 1945 hinaus gehört der Sammelband von Harry Niemann und Armin Herrmann [165: NIEMANN/HERRMANN, Die Entwicklung der Motorisierung]. Einer der Gründe für die relative Vernachlässigung der Nachkriegsindustrie ist in der Tendenz der Forschung zu suchen, den Beginn der tayloristischen Massenproduktion in die dreißiger Jahre zurückzudatieren und dadurch die produktionstechnische Zäsur der fünfziger Jahre – den Übergang zur Automatisierung – zu unterschätzen. Wirtschaftliche und unternehmenspolitische Kontinuitäten über das Kriegsende hinaus wurden bislang nur ansatzweise am Beispiel von Volkswagen untersucht [182: REICH, The Fruits of Fascism]. In seinem Abschnitt über VW behandelt Reich unter anderem die VW-spezifische Mischung aus einem sozial verantwortlichen autoritären Paternalismus und moderner Human-Relations-Politik.

In den vergangenen fünfzehn Jahren haben vor allem politökonomische Fragestellungen die intensiven Forschungen über die deutsche Autoindustrie in den dreißiger Jahren bestimmt. Im Zentrum dieser Untersuchungen stand neben der Kooperation der Autoindustriellen mit der politischen Führung die innerbetriebliche Personalpolitik gegenüber Zwangsarbeitern und Häftlingen und damit die Verstrickung in die rassistische Versklavungspolitik des Regimes. Obwohl das Volkswagenwerk eine der modernsten Fertigungseinrichtungen der gesamten Welt besaß, war der Beginn der Massenfertigung nicht nur in Folge des Krieges zum Scheitern verurteilt. Der anvisierte „politische" Verkaufspreis von 990 RM wäre unter keinen Umständen zu halten gewesen. Bei einem realistisch kalkulierten Verkaufspreis von 1500 RM hätte sich der Durchbruch zum Massenkonsumgut weiter verzögert.

Volker Wellhöners monografische Studie über das Volkswagenwerk in den fünfziger Jahren ist von einem makroökonomischen regulationstheoretischen Ansatz geleitet [212: WELLHÖNER, Wirtschaftswunder, Weltmarkt, westdeutscher Fordismus]. Neben der theoretischen Herleitung und Begründung des erkenntnisleitenden Ansatzes vermittelt das Buch eine detaillierte Darstellung der Unternehmenspolitik, die für die Umstellung auf automatisierte Produktion ab 1954 und für den Durchbruch auf dem Weltmarkt entscheidend war. Von seinem amerikanischen Vorbild unterschied sich der „westdeutsche Fordismus" des Volkswagenwerks nicht nur durch seine neokorporatistischen

Neokorporatismus und westdeutscher Fordismus

sozialpartnerschaftlichen Strukturen, die sich aus dem aus der NS-Zeit stammenden und nunmehr entpolitisierten Konzept der Werksgemeinschaft entwickelt hatten. Im Gegensatz zur amerikanischen Autoindustrie führten die Fließbandfertigung, die Automatisierung und die Verwendung von Einzweck-Werkzeugmaschinen nicht zu einer Dequalifizierung der Beschäftigten. Die Werksleitung unternahm ab Mitte der fünfziger Jahre erhebliche Anstrengungen, um Lehrlinge auszubilden und ungelernte Arbeiter zu angelernten Kräften zu qualifizieren. Die fordistische Lohnpolitik der materiellen Anreize und der Konsumstimulierung fand zunächst ihre Grenzen in der niedrigeren Produktivität und im sehr viel niedrigeren deutschen Lohnniveau. Dies führte beispielsweise dazu, dass sich die VW-Arbeiter trotz übertariflicher Entlohnung erst ab 1958 das eigene Produkt in größerer Zahl kaufen und damit den Absatz des Werks auf Dauer erhöhen konnten. Eine sozialhistorische Arbeit von Monika Uliczka [210: ULICZKA, Berufsbiographie und Flüchtlingsschicksal] über die Belegschaft des Volkswagenwerks in den ersten Nachkriegsjahren demonstriert die Bedeutung der Werksgemeinschaft für die soziale Integration einer Stadtbevölkerung, die durch Flucht und Vertreibung räumlich entwurzelt und sozial deklassiert worden war und sich im VW-Werk eine neue berufliche Zukunft und eine neue soziale Identität aufbauen konnte. Mit der Teilprivatisierung des Volkswagenwerks im Jahre 1961 beschritten die Bundesregierung und die niedersächsische Landesregierung eigentumspolitisches Neuland. Im Sinne einer breiten Streuung von Produktivvermögen und mit bewusstem Bezug auf das Programm eines „Volksautos" wurden die privatisierten Kapitalanteile gezielt an Kleinanleger aus den sozialen Mittelschichten verkauft.

soziale Integrationsfunktion des VW-Werks

Der Befund von der historiografischen Vernachlässigung der Nachkriegs-Verkehrsgeschichte trifft in gleichem Maße auch für die Eisenbahngeschichte zu. Die Geschichte der Deutschen Bundesbahn wurde über einen langen Zeitraum lediglich von technikgeschichtlich interessierten Eisenbahnliebhabern behandelt. Die Beiträge im offiziellen Jubiläumsband der DB zum 150-jährigen Eisenbahnjubiläum im Jahre 1985 stellten die Nachkriegsgeschichte der Eisenbahn nur ausschnitthaft und punktuell dar.

späte Historisierung der Nachkriegseisenbahn

Die 1999 veröffentlichten Beiträge von Anthony Nicholls und Günther Schulz [163: NICHOLLS, Zusammenbruch und Wiederaufbau, und 196: SCHULZ, Die Deutsche Bundesbahn, in: 114: GALL/POHL, Die Eisenbahn in Deutschland] sind die ersten Überblicksdarstellungen zur Eisenbahngeschichte der Nachkriegszeit, die wissenschaftlichen Ansprüchen genügen. In seinem Kapitel über die Eisenbahn in der Besatzungszeit analysiert Nicholls das Ausmaß der Kriegszerstörungen und die Umfänge der Demontagen, die in der Sowjetischen Zone und – in geringerem Umfang – auch in der Französischen Zone vorgenommen wurden. Nicholls führt aus, dass die Gründung eines gesamtdeutschen Staatssekretariats für Verkehr unter der Aufsicht des Alliierten Kontrollrats Ende 1945 nicht an der Sowjetunion, sondern an einem französischen Veto scheiterte. In der unmittelbaren Nachkriegszeit hielten die getrennten Eisenbahnverwaltungen der Besatzungszonen am ideellen Prinzip der Reichseisenbahn fest, ja verstanden sich sogar als institutionelle Klammer der Einheit. Lediglich in der Französischen Zone wurde das Eisenbahneigentum, das formell immer noch Reichseigentum war, gegen den Willen der Landesregierungen in Landeseigentum überführt. Ungeachtet der zunächst sehr rigorosen alliierten Grundsätze für die Entnazifizierung des öffentlichen Dienstes blieb der Personalkorpus der Reichsbahn in den Westzonen weit gehend unangetastet. In den Westzonen waren die Betriebsanlagen zum Zeitpunkt der Währungsreform aus eigener Kraft bereits so weit wiederhergestellt, dass die Transportkapazitäten der Bahn keinen Engpass für die wirtschaftliche Rekonstruktion darstellten. Die physische Durchtrennung des Eisenbahnnetzes durch die deutsche Teilung ist Gegenstand eines materialreichen und reichhaltig bebilderten Buches des Eisenbahnhistorikers Ralf Roman Rossberg [186: ROSSBERG, Grenze über deutschen Schienen], das die Auswirkungen des „Eisernen Vorhangs" auf die Verkehrsversorgung des bundesdeutschen Zonenrandgebietes detailliert schildert.

Eisenbahn – materielle und ideelle Klammer der Einheit

Der Beitrag von Günther Schulz behandelt die Geschichte der Bundesbahn von der Gründung der Bundesrepublik bis zum Zusammenbruch der DDR. In seinem Beitrag stellt Schulz die Entwicklung des Spannungsverhältnisses zwischen der politischen Aufsicht durch die Bundesregierung und dem Drang (und Zwang) zu eigenverantwortlichem unternehmerischen Handeln dar, das erst 1993 mit der Umwandlung der Bundesbahn in eine Aktiengesellschaft gelöst wurde. Das immanente Spannungsverhältnis zwischen dem gemeinwirtschaftlichen Auftrag des Bundesbahngesetzes und dem Gebot der Eigenwirtschaftlichkeit wird auch aus der Perspektive wirtschaftshistorischer Fragestellungen behandelt. Schulz zeigt dabei sehr schlüssig, dass die Bundesbahn schon zum Zeitpunkt ihrer Gründung gegenüber der wachsenden Konkurrenz des LKW dadurch ins Hintertreffen geraten war, dass sie ihre Anlagen aus eigenen Mitteln ohne Zuschüsse des Bundes aufbauen musste. Die Auflagen des Bundes für eine gemeinwirtschaftliche Tarifpolitik und für eine sozial verantwortliche Personalpolitik belasteten die DB gegenüber ihrer Konkurrenz mit sozialen

politische Intervention und unternehmerische Verantwortung

Zusatzkosten und Mindereinnahmen, die ihre Wettbewerbsfähigkeit im Konkurrenzkampf mit der Straße erheblich schwächten. Das Problem der wachsenden Verschuldung der DB wurde durch die Übernahme der überhöhten Versorgungslasten (bedingt durch den ungünstigen Altersaufbau der Bahnbelegschaft) und die teilweise Deckung des Nahverkehrsdefizits durch den Bund nur unvollständig und mit Verspätung gelöst, so dass die DB zunehmend in eine Schuldenfalle geriet. Schulz schildert sehr eindrücklich, dass die Bundesregierung seit Mitte der fünfziger Jahre diverse externe Expertengutachten für eine Reform der Bundesbahn in Auftrag gab, die Empfehlungen der Gutachter aus ordnungspolitischem Konservatismus und aus sozialpolitischen, finanzpolitischen und regionalpolitischen Opportunitätsgründen aber allenfalls in Teilen umsetzte. Der Strukturwandel des Verkehrsgewerbes und der produzierenden Wirtschaft und die Motorisierung der privaten Haushalte hatte die überkommene Monopolstellung der Bahn bereits in den fünfziger Jahren auf Teilsegmente des Transportmarktes reduziert und drohte die Bahn in eine Nischenexistenz zu drängen. Schulz zeigt, dass die mit der Großen Koalition einsetzenden Bundeszuschüsse für den Ausbau des Fernverkehrsnetzes (Stichwort: IC-Verkehr) und den Bau von S-Bahn-Netzen in Ballungsräumen die Marktanteile der Bahn im Langstreckenverkehr und in Ballungsräumen erhalten konnten, während sich die DB seit den späten sechziger Jahren schrittweise aus der flächendeckenden Verkehrsversorgung ländlicher Räume zurückziehen musste. Bedauerlicherweise bleiben die politischen Entscheidungsprozesse im parlamentarischen Raum und zwischen den Bundesministerien wie auch die unternehmenspolitischen Entscheidungen des Bundesbahnvorstandes ein wenig unscharf, da Schulz keine Aktenbestände des Bundesverkehrsministeriums bzw. der Bundesbahn herangezogen hat.

Reaktion auf wirtschaftlichen Strukturwandel

Reformdruck durch Wiedervereinigung

Die Einsetzung einer Reformkommission Bundesbahn und die Wiedervereinigung waren, wie Hans-Peter Schwarz in seinem Beitrag über die Bahnreform zeigt [197: SCHWARZ, Wiedervereinigung und Bahnreform, in: 114: GALL/POHL, Die Eisenbahn in Deutschland], zunächst nur eine zufällige Koinzidenz unabhängiger Ereignisse. Die Vereinigung mit der technisch wie wirtschaftlich maroden Deutschen Reichsbahn stellte die bundesdeutsche Verkehrspolitik vor eine noch viel größere Herausforderung als die ohnehin schon problematische Lage der DB. Expertenprognosen über ein gesamtdeutsches Bahndefizit von bis zu 30 Milliarden DM pro Jahr konstituierten einen so hohen politischen Handlungsdruck, dass auch die Trennung von Infrastruktur und Betrieb und die privatwirtschaftliche Unternehmensführung der

Bahn keine unüberwindlichen Tabus mehr darstellten. Im Kampf mit den wirtschaftlichen und finanziellen Herausforderungen der Wiedervereinigung entwickelte die bundesdeutsche Politik eine größere Bereitschaft, zumindest einen Teil der überkommenen Strukturen in Frage zu stellen. Schwarz zeigt auf der Grundlage von zeitnahen Interviews mit den politischen Akteuren sehr schlüssig, dass erst die politische Herausforderung der Wiedervereinigung und die Einsicht der Parteien und Gewerkschaften in den Zwang zur Reform dabei halfen, die Bedenken wegen der möglichen Risiken zu überwinden. Günstige personelle Konstellationen wie die fehlende verkehrspolitische Traditionsverhaftung des aus Ostdeutschland stammenden Verkehrsministers Günther Krause und die Entschlossenheit und Unbefangenheit des bahnfremden DB-Vorstandsvorsitzenden Heinz Dürr hatten nach der begründeten Auffassung von Schwarz auch eine Rolle gespielt.

autobiografische Quellen

Alfred Schmucks kommentierte Materialsammlung zur Geschichte der bundesdeutschen Verkehrspolitik von 1945 bis 1995 [73: SCHMUCK, Wege zum Verkehr von heute] vermittelt einen übersichtlichen Einstieg in die gedruckten Quellen. Die nicht wissenschaftlich edierte Sammlung enthält die wichtigsten Programme, Gesetze und Presseartikel zur Straßenbaupolitik. Autobiografische Darstellungen der verkehrspolitischen Akteure sind auch für die Geschichte der Bundesrepublik eher knapp. Die Erinnerungen des CDU-Bundestagsabgeordneten Ernst Müller-Hermann [1: ABGEORDNETE DES DEUTSCHEN BUNDESTAGES, Bd. 6], der von 1952 bis 1980 zu den herausragenden Verkehrspolitikern des Bundestages gehörte, vermitteln einen lebendigen Eindruck von den Motiven und Arbeitsweisen der ordoliberalen Opposition gegen die Verkehrsminister Seebohm und Leber. Die Erinnerungen seines Kontrahenten Georg Leber sind für die Amtszeit als Verkehrsminister eher oberflächlich und lassen sich nicht immer eindeutig bewerten.

5. Die DDR

Folgen der Archivöffnung

Es gibt einen entscheidenden Grund, weshalb die Verkehrsgeschichte der DDR erst in den vergangenen zehn Jahren größere historiografische Beachtung fand. Bis zum Ende der SED-Diktatur waren nicht nur die Aktenbestände des ZK der SED, des Ministeriums für Verkehr und der Generaldirektion der Deutschen Reichsbahn für westdeutsche wie für ostdeutsche Historiker gesperrt. Auch die außerordentlich restriktive

Informationspolitik des Ministeriums für Verkehr und das Fehlen einer freien und öffentlichen verkehrspolitischen Debatte trugen dazu bei, dass sich bundesdeutsche Verkehrsexperten lediglich ein ausschnitthaftes Bild über das Verkehrswesen der DDR machen konnten. Die Öffnung der ostdeutschen Archive und der ungebrochene Boom der historischen DDR-Forschung haben jedoch dazu geführt, dass die Erforschung der Verkehrsgeschichte der DDR mittlerweile ihren Rückstand gegenüber der westdeutschen Verkehrsgeschichte aufgeholt hat. Neben dem primär wirtschaftshistorischen Forschungsinteresse an den Langzeitfolgen unterschiedlicher Startbedingungen und an der Leistungsfähigkeit planwirtschaftlicher Verkehrssysteme stimulierte auch das politikwissenschaftliche Interesse an der Mediatisierung einer Fachverwaltung durch den kommunistischen Parteiapparat die Forschung.

In den verkehrsgeschichtlichen und in den verkehrswissenschaftlichen Darstellungen dominiert eindeutig die Deutsche Reichsbahn. Da die quantitative und die qualitative Leistungsfähigkeit des ostdeutschen Verkehrswesens maßgeblich von der Reichsbahn bestimmt wurde, erscheint die historiografische Konzentration auf die Eisenbahn weiterhin angemessen. Rüdiger Kühr [154: KÜHR, Die Reparationspolitik der UdSSR] und Anthony Nicholls [163: NICHOLLS, Zusammenbruch und Wiederaufbau, in: 114: GALL/POHL, Die Eisenbahn in Deutschland] kommen unabhängig voneinander zu dem Ergebnis, dass die sowjetischen Demontagen die Leistungsfähigkeit der Reichsbahn dauerhaft schädigten. Historiker und Verkehrswissenschaftler [180: RAMPP, Verkehrswirtschaft Ostdeutschlands] sind sich darüber einig, dass die Demontagen während der gesamten Geschichte der DDR die Hauptursache für Kapazitätsengpässe und geringe Transportgeschwindigkeiten waren. Kühr untersucht die Demontagemotive und die Interessenkonflikte innerhalb der Sowjetischen Militäradministration und beschreibt die Folgen für den Kapitalstock der Reichsbahn, für den Binnenverkehr und für die wirtschaftliche Entwicklung der SBZ sehr detailliert. Das SBZ-Handbuch von Hermann Weber [100: BROSZAT/WEBER, SBZ-Handbuch] vermittelt einen detaillierten Einblick in die Zentralisierung des Verkehrswesens in der Sowjetischen Zone und in die allmähliche Verdrängung von Nichtkommunisten aus Schlüsselpositionen und erklärt die herausgehobene Stellung der Generaldirektion der Reichsbahn gegenüber dem späteren Ministerium für Verkehr. Nicholls und Robin Garn [115: GARN, Reichsbahn ohne Reich] stellen in Bezug auf die Entnazifizierung fest, dass die Sowjetische Militäradministration und die Reichsbahn die Führungsränge konsequent von ehemaligen Nationalsozialisten säuberten, aber die unentbehrlichen und kaum ersetzbaren

Kernfrage Demontagen

widersprüchliche Entnazifizierungspolitik

ingenieurwissenschaftlichen und technischen Fachkräfte mit einer nur nominellen NSDAP-Mitgliedschaft auf ihren Dienstposten beließen. Während Nicholls beim Vergleich der Entnazifizierung in den Westzonen und in der SBZ überraschende Parallelen entdeckt, vermittelt Garns außerordentlich reichhaltig bebildertes Buch illustrative Darstellungen ausgewählter Einzelaspekte wie der Aktivistenbewegung, der alltäglichen Zusammenarbeit mit der Besatzungsmacht und der improvisatorischen Anpassung an das erzwungene Ende der innerdeutschen Arbeitsteilung.

stalinistische Säuberungen

Das mysteriöse Schicksal des Reichsbahn-Generaldirektors Willi Kreikemeyer stellt einen besonders prägnanten Fall der politisch-ideologischen Durchdringung einer ursprünglich unpolitischen Fachverwaltung durch die SED dar. Der kommunistische Altkader Kreikemeyer wurde im Zuge der stalinistischen Parteisäuberung im August 1950 unter dem Vorwurf der Spionage für amerikanische Geheimdienste von der Staatssicherheit verhaftet. Er kam unter ungeklärten Umständen zu einem ungeklärten Zeitpunkt an einem unbekannten Ort ums Leben [139: KIESSLING, Willi Kreikemeyer]. Kreikemeyer, den die SED im Gegensatz zu vielen seiner kommunistischen Mithäftlinge nie rehabilitierte, wurde in fast Orwell'scher Manier aus dem offiziellen historischen Gedächtnis der Reichsbahn getilgt.

verkehrspolitische Paradigmenwechsel

Obwohl die Konzentration auf die Anfangsjahre der Reichsbahn wegen der nachhaltigen Folgen der Demontagen verständlich ist, wurde die Integration der Reichsbahn in die zentralistische Planwirtschaft der DDR und der Stellenwert der Verkehrspolitik in der Wirtschaftsplanung der DDR bislang nur von wenigen Autoren [148: KOPPER, Die Deutsche Reichsbahn 1949–1989, in: 114: GALL/POHL, Die Eisenbahn in Deutschland] systematisch untersucht. Auch wenn die Reorganisation der Reichsbahn nach einer mehrjährigen Transformations- und Experimentierphase im Jahr 1955 abgeschlossen und die Organisationsstrukturen danach nur im Detail verändert wurden, blieben die verkehrspolitischen Paradigmen nicht über vier Jahrzehnte konstant. Wurde die Eisenbahnpolitik der sechziger Jahre vom Paradigma der schnellen Einführung von Dieselloks geprägt, stand in den siebziger Jahren die betriebswirtschaftlich bestimmte Arbeitsteilung zwischen Schiene und Straße im Zentrum der Politik. In den achtziger Jahren bestimmte der wirtschaftspolitische Imperativ der energiepolitischen Autarkie die Reichsbahn und das gesamte Verkehrswesen der DDR.

Gründe für Vernachlässigung

Erst ansatzweise sind die politisch-strukturellen Ursachen und die ihnen zugrunde liegenden ideologischen Prämissen erforscht, die für die nachrangige Stellung des gesamten Verkehrswesens in der zentralen Investitionsplanung verantwortlich waren. In der Forschung besteht jedoch darüber Übereinstimmung, dass das Verkehrswesen ebenso wie das gesamte Dienstleistungswesen als „nichtproduzierender Sektor“ eingestuft und daher gegenüber der Industrie vernachlässigt wurde. Seine Vorleistungen für die produzierende Wirtschaft, seine technischen und ökonomischen Angebots- und Nachfrageeffekte und sein tendenziell steigender Anteil am Bruttosozialprodukt einer modernen Gesellschaft blieben in der industriefixierten sozialistischen Politökonomie weit gehend unberücksichtigt.

Studien zum Nahverkehr

Einzelne Detailstudien von Burghard Ciesla und Barbara Schmucki zur vergleichenden deutsch-deutschen Nahverkehrsgeschichte [104: Dienel/Schmucki, Mobilität für alle] zeigen deutlich, dass sich der Nahverkehr der DDR in einem erheblich konstanteren städtebaulichen und sozialen Umfeld als in der Bundesrepublik entwickelte. Der Zwang zur technischen Modernisierung der öffentlichen Verkehrsmittel auch um den Preis von Irrwegen – wie z.B. der Abschaffung der Straßenbahn in einigen Großstädten der BRD – war wegen der deutlich geringeren Verfügbarkeit privater PKW in der DDR erheblich schwächer. Die konstant niedrigen Tarife für öffentliche Verkehrsmittel, die im städtischen Nahverkehr und im Eisenbahn-Berufsverkehr auf Vorkriegsniveau eingefroren waren, waren nicht der einzige Grund für die ungebrochene Dominanz der öffentlichen Verkehrsmittel im Berufsverkehr. Die geringe Verfügbarkeit neuer PKW, die hohen Preise für Benzin und die permanenten Engpässe bei Ersatzteilen und Reparaturdienstleistungen zwangen die ostdeutschen Autobesitzer zu einer selektiven und überlegten Nutzung ihrer Autos, die überwiegend im Freizeitverkehr und im Urlaubsverkehr genutzt wurden [213: Weymar, Im Trabi zur Sonne, zur Freizeit]. Systematische Studien über das Mobilitätsverhalten der Ostdeutschen und über die Mobilitätslenkung durch Städteplanung, Preissteuerung, Transportnormative und Industrieplanung liegen bislang noch nicht vor. Obwohl die freie Verkehrsmittelwahl im Personenverkehr de jure auch in der DDR Bestand hatte, setzte die zentralistische Konsumlenkung dem privaten Verkehrsverbrauch deutliche Grenzen. Volkseigene Betriebe, Schulen, Massenorganisationen und Reiseveranstalter mussten sich restriktiven Bestimmungen für den Gebrauch von Bussen und von PKW unterwerfen.

Massenmotorisierung und selektive Autonutzung

technologiepolitische Weichenstellungen gegen Autoindustrie

Wegen des langsamen Anstiegs der privaten Motorisierung und der weit gehenden Beschränkung des Straßengütertransports auf den Nahverkehr (bis 50 km) war die Frage des Straßenausbaus für die Verkehrspolitik der DDR weniger dringlich. Die DDR profitierte von den infrastrukturellen Vorleistungen des nationalsozialistischen Autobahnbaus erheblich. Reinhold Bauers technikgeschichtlich wie wirtschaftsgeschichtlich überzeugende Studie [93: Bauer, Pkw-Bau in der DDR] und Peter Kirchbergs Buch [141: Kirchberg, Plaste, Blech und Planwirtschaft] über die Geschichte der Autoindustrie in der DDR zeigen nachdrücklich, dass die PKW-Produktion in der DDR vor allem durch die nachrangige Zuweisung von Investitionsmitteln und Entwicklungskapazitäten benachteiligt wurde. Gemäß Walter Ulbrichts programmatischer Devise „Die BRD überholen, ohne einzuholen" wurde die Autoindustrie vom ZK der SED zur Entwicklung von Wankelmotoren verpflichtet, um einen technologischen Vorsprung gegenüber der westdeutschen Industrie zu erzielen. Die Konzentration der Entwicklungskapazitäten auf den unwirtschaftlichen und störanfälligen Wankelmotor führte die DDR-Autoindustrie jedoch in eine technologische Sackgasse, die den Rückstand in der Entwicklung moderner Viertaktmotoren noch erhöhte. In den siebziger und achtziger Jahren war die Autoindustrie der DDR nicht mehr im Stande, Automodelle und Produktionsanlagen aus eigener Kraft zu modernisieren. Ansätze zur Entwicklung und Fertigung eines gemeinsamen Modells mit den tschechoslowakischen Škoda-Werken scheiterten an den systembedingten Hindernissen der internationalen Arbeitsteilung im Sozialismus.

6. Der Handel

Während die Unternehmensgeschichte einzelner deutscher Kaufhauskonzerne zum Teil gut erforscht ist, bleibt sowohl die epochenbezogene ebenso wie die epochenübergreifende Gesamtdarstellung der deutschen Einzelhandelsgeschichte auch weiterhin ein Desiderat. Die stark wachsende konsumgeschichtliche Forschung der letzten Jahre hat jedoch auch der Geschichte des Einzelhandels Impulse gegeben. Ältere und neuere soziokulturelle Gesellschaftsheorien (Thorstein Veblen, Pierre Bourdieu) haben zur Verbreitung konsumgeschichtlicher Paradigmen in der wirtschafts- und sozialgeschichtlichen Forschung geführt [268: Veblen, Theorie der feinen Leute]. So werden das Industriezeitalter und das Dienstleistungszeitalter aus der konsumgeschichtlichen Perspektive als Zeitalter des Massenkonsums neu gedeutet. Soziokulturelle Klassenlagen sowie ihre Annäherung und Ausdifferenzierung werden weniger nach den Kriterien der beruflichen Stellung und des Produktionsmittelbesitzes als aus der Konsumweise heraus erklärt [242: Kaelble/Kocka/Siegrist, Konsumgeschichte; 246: König, Ge-

soziokulturelle Geschichte der Konsumgesellschaft

schichte der Konsumgesellschaft]. Historiker sind sich auf der Grundlage konsumsoziologischer und konsumpsychologischer Theorien weit gehend einig, dass die Weiterentwicklung der Verkaufstechniken wie Warenpräsentation, Geschäftseinrichtungen und Werbung die Entwicklung der Konsumgesellschaft mitbeeinflusst hat. Die Tendenz des modernen Einzelhandels zur Standardisierung der Ware und zur Popularisierung von Markenartikeln hat das Kaufverhalten und das soziale und kulturelle Selbstverständnis des Konsumenten ebenso geprägt, wie die landesweite und sogar weltweite Verbreitung von Filialgeschäften, Versandhäusern und Markenartikeln regionale und sogar nationale Konsummuster nivellierte.

Ästhetik und Kultur des Warenhauses

Heidrun Homburgs Aufsatz über die deutschen Kaufhausketten von den zwanziger bis zu den achtziger Jahren [240: HOMBURG, The first large firms] vermittelt einen kompakten Einstieg in die langfristigen Entwicklungstrends des Einzelhandels. Helmut Freis Buch über die Geschichte der Warenhauskultur [231: FREI, Tempel der Kauflust] bietet neben einem unternehmensgeschichtlichen Überblick in die Gründungsgeschichte der deutschen Warenhauskonzerne vor allem einen Einblick in die soziokulturelle Veränderung der Einkaufserfahrungen. Frei beschreibt in seiner reichhaltig illustrierten Monografie sehr anschaulich, wie die aufwendigen und großzügigen Räumlichkeiten und die prunkvolle dekorative Gestaltung der Kaufhäuser eine neue Einkaufskultur über traditionelle soziale Klassengrenzen hinweg kreierte. Durch eine neue Ästhetik der Warenpräsentation und durch neue massenwirksame Werbemethoden schufen die Kaufhäuser wichtige kommerzielle Vorbedingungen für die Entstehung der Konsumgesellschaft. Frei zeigt, in welchem Maße die Kaufhäuser den Konsum tatsächlich oder vermeintlich demokratisierten.

unternehmensgeschichtliche Darstellungen

Zu den primär unternehmensgeschichtlichen Darstellungen zur Kaufhausgeschichte gehört die Darstellung von Konrad Fuchs [232: FUCHS, Ein Kaufhaus aus Sachsen] über das Kaufhaus Schocken von der Gründung nach der Jahrhundertwende bis zur erzwungenen „Arisierung“ im Jahre 1937. Die Darstellung von Fuchs bleibt sowohl in der Schärfe der unternehmenshistorischen Analyse als auch in der Darstellung des allgemeinen (wirtschafts)politischen Handlungsrahmens erheblich hinter der Arbeit von Simone Ladwig-Winters [249: LADWIG-WINTERS, Wertheim] über den Warenhauskonzern Wertheim zurück. Sie vereinigt in ihrer Geschichte des Warenhauskonzerns Wertheim eine fundierte Analyse der Geschäftspolitik mit der Darstellung des politischen Umfeldes in der Weimarer Repulik und in der Zeit des Nationalsozialismus. Sie stellt die Gründe für die Krisenanfälligkeit der Warenhäuser in der Weltwirtschaftskrise ebenso dar wie die antisemitische Aufladung der Warenhauskritik, die bereits vor der Machtübernahme der Nationalsozialisten einsetzte. Die Autorin zeigt deutlich, warum die großen jüdischen Warenhauskonzerne wie Wertheim früher als jüdische Unternehmen in anderen Branchen der nationalsozialistischen Arisierungspolitik zum Opfer fielen. Aufgrund ihrer krisenbedingten Überschuldung, ihrer exponierten gesellschaftlichen Position und ihrer Verwundbarkeit durch organisierte Boykotte waren sie gegenüber dem Druck radikalantisemitischer Aktivisten anfälliger als jüdische Industrieunternehmen und Banken. Ihre Darstellung des organisierten Drucks „von unten" und der politischen Pressionen „von oben" („Arisierung") leistet über den engeren unternehmensgeschichtlichen und branchengeschichtlichen Rahmen hinaus einen wichtigen Beitrag zur Wirkungsweise der nationalsozialistischen Rassenpolitik.

Geschichte der antisemitischen Ausschaltungspolitik

Spezielle regionalhistorische Studien über Genese, Ablauf, Interessenkonstellationen, Interessenkonflikte und Motive der Arisierungspolitik [219: Bajohr, Arisierung in Hamburg; 227: Bruns-Wüstefeld, Lohnende Geschäfte] haben unter anderem neue Ergebnisse über die Intensität und die Wirksamkeit organisierter Boykotte gebracht. Sie zeigen auch, dass das Tempo und die Intensität der Arisierungen von den Interessenkonflikten innerhalb der polykratischen Herrschaftsordnung des Nationalsozialismus beeinflusst wurden. Wirtschaftspolitische und arbeitsmarktpolitische Opportunitätserwägungen von Reichsinstanzen (v.a. des Reichswirtschaftsministeriums) und einzelner Gauleitungen standen nicht selten im Widerstreit mit den Interessen der radikalen nationalsozialistischen Mittelstandsaktivisten und der potenziellen Nutznießer der Arisierungen. Andere, aus einem politisch-aufklärerischen Interesse geschriebene Beiträge über spektakuläre Arisierungen von Warenhäusern decken auf, dass bedeutende Unternehmerkarrieren der Nachkriegszeit wie der Aufstieg von Helmut Horten zum „Kaufhauskönig" mit spektakulären Arisierungen begannen [252: Ludwig, Boykott, Enteignung, Mord]. Der Käufer nutzte die Notlage der Vorbesitzer bewusst zu seinem eigenen Vorteil aus und legte mit einem unangemessen hohen Arisierungsgewinn den Grundstein für seine späteren Erfolge. Toni Pierenkempers Aufsatz über die Autobiografie Josef Neckermanns [258: Pierenkemper, Josef Neckermann] behandelt die bezeichnenden Auslassungen in der Selbstbeschreibung eines Versandhausunternehmers [256: Neckermann, Erinnerungen], dessen fast beispiellose Erfolgsgeschichte mit der lukrativen „Arisierung" eines Würzburger Kaufhauses begann. Gerade aufgrund seiner Erfolgsgeschichte und wegen des klassenlosen Images seines Unternehmens

„Neckermann machts möglich“ wurde Neckermann als Prototyp der Wirtschaftswundergesellschaft gefeiert.

Die Monografie von Rudolf Lenz über den Karstadt-Konzern von 1920 bis 1950 [253: LENZ, Karstadt] verfolgt ein vergleichbares erkenntnisleitendes Interesse wie das Buch von Ladwig-Winters. In seiner Geschichte des größten deutschen Warenhauskonzerns stellt Lenz überzeugend dar, dass die antisemitische Kampagnenpolitik der nazifizierten Mittelstandsverbände auch ein nichtjüdisches Unternehmen traf. Lenz zeigt, wie der Unternehmensvorstand auch ohne den unmittelbaren Druck der Reichsregierung mit einer sofortigen Arisierung des Personals auf die Verdächtigungen der nationalsozialistischen Propaganda reagierte, dass die Rudolph Karstadt AG in Wirklichkeit ein jüdisches Unternehmen sei. Ebenso wie Ladwig-Winters erläutert Lenz, wie flexibel sich die Geschäftspolitik des Kaufhauses den neu eingeführten Restriktionen für Dienstleistungsbetriebe in Warenhäusern anpassen und ihre wirtschaftliche Lage im Zuge der Aufrüstungskonjunktur konsolidieren konnten.

NS-Warenhauspolitik

Für die Warenhauspolitik im nationalsozialistischen Deutschland ist Heinrich Uhligs bereits 1956 erschienene Monografie [267: UHLIG, Warenhäuser im Dritten Reich] noch immer das einzige, wenngleich auch veraltete Standardwerk. Uhlig zeigt die inhärenten Widersprüche zwischen dem mittelständischen Radikalismus der nationalsozialistischen Basis und dem pragmatischen Handeln Görings zur Vermeidung von Massenkonkursen. Uhligs Buch demonstriert, dass die nationalsozialistische Warenhauspolitik die Ausdehnung der Warenhäuser zwar stoppen, ihre wirtschaftliche Bedeutung aber keinesfalls im Sinne der radikalisierten Mittelstandsfunktionäre zurückdrängen konnte. Es gehört zu den immanenten Widersprüchen nationalsozialistischer Politik, dass die Kriegspolitik den Kern ihrer Rassen- und Lebensraumideologie verwirklichen sollte, während sie andere ideologische Konstanten wie die Mittelstandsorientierung dem kriegswirtschaftlichen Rationalisierungsprogramm opferte. Heinrich August Winkler verweist zu Recht auf die teilweise Verdrängung mittelständischer Einzelhändler durch kriegswirtschaftliche „Auskämmungsprogramme“, die ihren Höhepunkt 1943/44 nach der Ausrufung des „Totalen Krieges“ erreichten [272: WINKLER, Entbehrlicher Stand]. Winklers These von den tendenziell negativen Folgen der nationalsozialistischen Herrschaft für den Mittelstand wird von Adelheid von Saldern mit Hinweis auf die mittelständische Ideologie und die mittelstandsfreundliche Gesetzgebung der ersten beiden Jahre des „Dritten Reiches“ in Frage gestellt [262: VON SALDERN, Mittelstand]. Der Widerspruch zwischen dem ideologischen

Intentionalismus und seiner Unterordnung unter kriegsinduzierte Mobilisierungs- und Rationalisierungskonzepte ist kein politischer Sonderfall. Er lässt sich in der Einzelhandelspolitik ebenso konstatieren wie beispielsweise auf den Gebieten des Wohnungs- und Städtebaus und in der Frauenpolitik.

Interessenkonflikte der NS-Genossenschaftspolitik

In einem anderen Fall waren Legitimierungs- und Machtinteressen einer nationalsozialistischen Institution dafür verantwortlich, dass ein Kernelement nationalsozialistischer Mittelstandspolitik nicht umgesetzt wurde. Kuno Bludau und Ulrich Kurzer [223: BLUDAU, Nationalsozialismus und Genossenschaften; 248: KURZER, Nationalsozialismus und Konsumgenossenschaften] demonstrieren, wie die Forderung nationalsozialistischer Mittelständler nach der Liquidation der Konsumgenossenschaften durch die Deutsche Arbeitsfront (DAF) gebrochen wurde. Die Karriere- und Machtinteressen der DAF-Funktionäre und das sozialpolitische Interesse an einer lohnkostenneutralen Erhöhung des proletarischen Lebensstandards sorgten dafür, dass die Konsumgenossenschaften als Eigentum der Arbeitsfront fortgeführt wurden.

Konsum und Einzelhandel

Sieht man von der Überblicksdarstellung eines Handelsbetriebswirts ab [222: BEREKOVEN, Geschichte des deutschen Einzelhandels], so ist die Geschichte des Einzelhandels in der Bundesrepublik bislang noch nicht von Historikern bearbeitet worden. Die Vernachlässigung des Einzelhandels durch die Wirtschafts- und Sozialhistoriker ist umso unverständlicher, da sich im Einzelhandel die Entwicklung der Konsumgesellschaft und die Tendenz zur „Amerikanisierung“ der Konsumkultur exemplarisch spiegelt [254: LÜDTKE/MARSSOLEK/von SALDERN, Amerikanisierung]. Die Entwicklung einer Schichten übergreifenden Konsumgesellschaft, die Standardisierung und Massenfertigung von Konsumgütern und der Durchbruch neuer rationalisierter, unpersönlicher Handelsformen (Supermärkte, Filialgeschäfte und Versandhäuser) hatte in den USA bereits in der Zwischenkriegszeit stattgefunden und setzte sich ab ca. 1955 auch in der Bundesrepublik durch. Es ist daher verständlich, dass die amerikanische Konsumgesellschaft in der sozialhistorischen Forschungsliteratur zur bundesdeutschen Konsumgeschichte oft als expliziter, zumindest aber als impliziter Vergleichsmaßstab fungiert.

Konsumgüterinnovationen und Einzelhandel

Mehrere parallel laufende volks- und betriebswirtschaftliche, soziale und technische Entwicklungen, die sich teilweise bedingten, teilweise beeinflussten, haben den nachhaltigen Wandel des Konsumverhaltens und des Einzelhandels herbeigeführt. Neben der stetigen Erhöhung der Realeinkommen hat die Verbilligung der industriellen Konsumgüterproduktion durch Massenfertigung und technologische Innovation dazu geführt, dass sich einstmals als Luxusgüter geltende Konsumartikel wie Kühlschränke ab der Mitte der fünfziger Jahre zu allgemein erschwinglichen Waren entwickelten. Neuere sozialhistorische Arbeiten zur Konsumgeschichte [217: ANDERSEN, Traum vom guten Leben; 271: WILDT, Vom kleinen Wohlstand] erklären die kausalen Interdependenzen zwischen dem Durchbruch des Kühlschranks als Massenkonsumgut, dem Wandel des Einkaufsverhaltens und der Ablösung des Lebensmittelkrämers „um die Ecke" durch den umsatzstarken und vielfach größeren Supermarkt sehr anschaulich.

These von der „Amerikanisierung" der Konsumgesellschaft

Die These von der „Amerikanisierung" der Konsumgesellschaft und des Einzelhandels harrt jedoch noch einer kritischen Prüfung. Mit der „Amerikanisierung" des Handels durch Übernahme amerikanischer Marketingmethoden befasst sich ein Beitrag von Harm G. Schröter [264: SCHRÖTER, Die Amerikanisierung der Werbung]. Gegen die These von der weit gehenden „Amerikanisierung" spricht unter anderem der Befund, dass sich die Unternehmensstruktur im deutschen Einzelhandel noch immer von den amerikanischen Einzelhandelsstrukturen unterscheidet. Die Fortentwicklung familiengeführter Einzelhandelsgeschäfte als kleinere Supermärkte unter dem Dach einer Einkaufsgenossenschaft oder eines Leitgrossisten hat im Gegensatz zu den USA die (fast) völlige Verdrängung der familiengeführten Einzelhandelsbetriebe verhindert. Im Unterschied zu den USA wurde die kommerzielle Verödung der Innenstädte bislang durch eine vorsorgende Stadtentwicklungs- und Verkehrspolitik aufgehalten. Gesellschaftliche Verwerfungsprozesse wie die ethnische und soziale Segregierung der räumlichen Lebenswelten, die in den USA zum wirtschaftlichen Niedergang der Innenstädte und der innenstadtnahen Geschäftsviertel geführt haben, waren in der Bundesrepublik weitaus schwächer ausgeprägt. Die kommunale Parkraumbewirtschaftung und der Ausbau öffentlicher Verkehrsmittel sind ein Indiz dafür, dass sich die bundesdeutsche Stadtplanung nicht dem amerikanischen Leitbild der „autogerechten Stadt" verschrieb. In Deutschland war und wird die Verlagerung des Einzelhandels in autoorientierte Einkaufszentren an den Stadträndern nur bei ausgesprochen flächenintensiven Branchen wie dem Möbelhandel, dem Autohandel sowie bei Baumärkten und bei Groß-Supermärkten akzeptiert.

Desiderate der Einzelhandelsgeschichte

Eine Konsumgeschichte der Bundesrepublik sollte auch nicht die Tatsache übergehen, dass die ersten Konsumwellen der Nachkriegszeit („Fresswelle", „Kleiderwelle" und „Einrichtungswelle") zunächst kein höheres Konsumniveau als in der unmittelbaren Vorkriegszeit induzierten. Während die „Fresswelle“ zunächst nur eine Normalisierung des Nahrungsmittelkonsums nach Jahren der Entbehrung darstellte und Hungererfahrungen kompensierte, waren die „Kleiderwelle“ und z. T. auch die „Einrichtungswelle“ zunächst noch Ersatzbeschaffungen für verschlissenes, zerstörtes oder durch Flucht und Vertreibung verlorenes Gut. Trotz ihrer Kontinuität sollte die Nachkriegsgeschichte des Einzelhandels und des Konsums stärker nach ihren distinkten Phasen differenziert werden.

III. Quellen und Literatur

A. Gedruckte Quellen, Periodika und ältere Darstellungen zur Verkehrsgeschichte

1. Abgeordnete des Deutschen Bundestages. Aufzeichnungen und Erinnerungen, Bd. 6 (Herbert W. Koehler, Ernst Müller-Hermann), Boppard 1989
2. Archiv für Eisenbahnwesen 1920–1943, 1957–1965
3. H. BAUMANN (Hrsg.), Deutsches Verkehrsbuch, Berlin 1931
4. P. BINDER, Die Bundesbahn und ihre Konkurrenten, Stuttgart 1959
5. Die Bundesbahn 1 (1949) – 45 (1993)
6. Bundesminister für Verkehr (Hrsg.), Ausbauplan für die Bundesfernstraßen, Bonn 1957
7. Bundesminister für Verkehr (Hrsg.), Die Verkehrspolitik in der Bundesrepublik Deutschland 1949 bis 1953, Dortmund 1953
8. Bundesminister für Verkehr (Hrsg.), Die Verkehrspolitik in der Bundesrepublik Deutschland 1949 bis 1957, Bielefeld 1957
9. Bundesminister für Verkehr (Hrsg.), Die Verkehrspolitik in der Bundesrepublik Deutschland 1949 bis 1961, Bielefeld 1961
10. Bundesminister für Verkehr (Hrsg.), Die Verkehrspolitik in der Bundesrepublik Deutschland 1949 bis 1965, Hof 1965
11. Bundesminister für Verkehr (Hrsg.), Das Verkehrspolitische Programm im Spiegelbild der öffentlichen Meinung, Bad Godesberg 1967
12. Bundesminister für Verkehr (Hrsg.), Ausbauplan für die Bundesfernstraßen 1971 bis 1985, Bonn 1971
13. Bundesminister für Verkehr (Hrsg.), Verkehr in Zahlen, Bonn 1972 ff.
14. Bundesrepublik Deutschland – Der Bundeskanzler (Hrsg.), Verkehrspolitisches Programm für die Jahre 1968 bis 1972, Bonn 1968 (Bundestags-Drucksache V/2494)
15. Bundesverband der Industrie, Denkschrift „Schiene und Straße“, Köln 1953

16. W. Bäseler (Hrsg.), Die Verkehrspolitik in der öffentlichen Meinung, Darmstadt 1955
17. Deutscher Eisenbahner-Verband, Ursachen des Milliardendefizits der Reichsbahn im Lichte geschichtlicher Tatsachen, Berlin 1929
18. Deutscher Industrie- und Handelstag, Eisenbahn und Kraftwagen. Tatsachen und Gedanken zur Neugestaltung des deutschen Verkehrswesens, Berlin 1930
19. E. Dombrowski, Die Wirkungen der Reparationsverpflichtungen auf die Wirtschaftsführung der Deutschen Reichsbahn-Gesellschaft, Berlin 1931
20. J. Dorpmüller, Rationalisierung bei der Deutschen Reichsbahn, Berlin 1927
21. J. Dorpmüller, Die Deutsche Reichsbahn 1918–1936, in: Probleme des deutschen Wirtschaftslebens. Erstrebtes und Erreichtes. Hrsg. vom Deutschen Institut für Bankwissenschaft und Bankwesen, Berlin/Leipzig 1937, 19–59
22. B. Eberhardt, Der organische Aufbau des gewerblichen Verkehrs im Deutschen Reich, Berlin 1939
23. Einheitsverband der Eisenbahner Deutschlands, Vom Dawesplan zum Youngplan. Das Deutsche Reichsbahnpersonal unter den Reparationsgesetzen, Berlin 1930
24. A. Franke, Die deutsche Eisenbahnfrage. Gutachten erstattet für den Reichsverband der Deutschen Industrie, Berlin 1922
25. Deutsche Reichsbahn/Deutsche Reichsbahn-Gesellschaft, Die Reichsbahn, 1922–1945
26. Deutsche Reichsbahn/Deutsche Reichsbahn-Gesellschaft, Geschäftsberichte der Deutschen Reichsbahn 1920–1944
27. Generalinspektor für das Deutsche Straßenwesen (Hrsg.), Der Kraftverkehr auf Reichsautobahnen, Reichs- und Landstraßen im Dritten Reich, Berlin 1939
28. Gesellschaft Reichsautobahnen, Geschäftsberichte 1933–1940, Berlin 1934–1941
29. K. Giese, Hauptfragen der Reichsbahnpolitik, Berlin 1928
30. W. Hamm, Schiene und Straße, Heidelberg 1954
31. W. Hamm, Preise als verkehrspolitisches Ordnungsinstrument, Heidelberg 1964
32. G. Hammer, Die Deutsche Reichsbahn als Auftraggeberin der deutschen Wirtschaft, Berlin 1932
33. W. Hartenstein/K. Liepelt, Mann auf der Straße. Eine verkehrssoziologische Studie, Frankfurt/M. 1961

34. Hauptverwaltung der Deutschen Bundesbahn, Sechs Jahre Wiederaufbau, Köln 1951
35. Hauptverwaltung der Deutschen Bundesbahn, Zehn Jahre Wiederaufbau bei der Deutschen Bundesbahn, Offenbach 1955
36. A. HEINRICH, Die Wettbewerber der Reichsbahn, insbesondere der Kraftwagen, Berlin 1929
37. HOFF/KUMBIER/ANGER (Hrsg.), Das deutsche Eisenbahnwesen der Gegenwart, 2 Bde., Berlin 1923
38. J. W. HOLLATZ/F. TAMMS (Hrsg.), Die kommunalen Verkehrsprobleme in der Bundesrepublik Deutschland. Ein Sachverständigenbericht und die Stellungnahme der Bundesregierung, Essen 1965
39. H. HOLSTEIN, Eisenbahnbauten der Deutschen Reichsbahn-Gesellschaft, Leipzig 1935
40. Hundert Jahre deutsche Eisenbahnen. Jubiläumsschrift zum 100-jährigen Bestehen der deutschen Eisenbahnen. Hrsg. von der Hauptverwaltung der Deutschen Reichsbahn, Berlin 1935
41. L. KIRSTEN, Die Personalpolitik der Deutschen Reichsbahn-Gesellschaft bis zur nationalen Revolution, Leipzig 1935
42. T. KITTEL, Der Staatsvertrag über die Reichseisenbahnen (Reichsgesetz vom 30. April 1920), Berlin 1920
43. T. KITTEL/W. WEHRMANN, Das Reichsverkehrsministerium, Berlin 1940
44. Reichsverkehrsministerium (Hrsg.), Die Deutschen Eisenbahnen 1910 bis 1920, Berlin 1923
45. G. KOENIGS, Die neuen Gedanken in der deutschen Verkehrspolitik, Leipzig 1938
46. A. KUNZ (Hrsg.), Statistik der Binnenschifffahrt in Deutschland 1835–1989, 2 Bde., St. Katharinen 1999
47. M. LEIBBRAND, Die Entwicklung des Reichsbahnbetriebes in neuer Zeit, Frankfurt/M.1937
48. G. LEVERVE, Bericht des Eisenbahnkommissars, Berlin 1925–1930
49. F. LOHSE, Die Reichsbahn im Rahmen der deutschen Wirtschaft, o.O. 1929
50. T. MASON, Arbeiterklasse und Volksgemeinschaft. Dokumente und Materialien zur deutschen Arbeiterpolitik 1936–1939, Opladen 1975
51. R. MAYER, Die Deutsche Reichsbahn im Vereinigten Wirtschaftsgebiet. Aufbau und Aufgaben, kurz und gemeinverständlich dargestellt, Köln/Stade 1949
52. W. K. MERENSKY, Die Organisation der Deutschen Bundesbahn.

Mit einem Überblick über die Geschichte der deutschen Eisenbahnen, Frankfurt/M. 1952
53. Ministerium für Verkehrswesen (Hrsg.), Uns gehören die Schienenwege. Eine Festschrift zum 125-jährigen Jubiläum der Eisenbahnen in Deutschland, Berlin 1960
54. O. MOST, Soziale Marktwirtschaft und Verkehr, Bielefeld 1954
55. E. MÜLLER-HERMANN, Wettbewerb und Ordnung. Grundlagen der Verkehrspolitik, Darmstadt 1954
56. E. MÜLLER-HERMANN, Die Grundlagen der gemeinsamen Verkehrspolitik in der Europäischen Wirtschaftsgemeinschaft. Eine Untersuchung über die Anwendung des Wettbewerbsprinzips im gemeinsamen Verkehrsmarkt, Bad Godesberg 1963
57. A. F. NAPP-ZINN, Binnenschiffahrt und Eisenbahn. Werden, Gestalt und Problem ihres Verhältnisses im Deutschen Reich, Leipzig 1928
58. H. NORDHOFF, Reden und Aufsätze. Zeugnisse einer Ära, Düsseldorf/Wien 1992
59. H. M. OEFTERING, Die Deutsche Bundesbahn im Wiederaufbau 1957 bis 1961, Frankfurt/M. 1962
60. P. OLBRICH, Betrieb und Verkehr bei der „Deutschen Reichsbahn" in der sowjetischen Besatzungszone, Bonn 1957
61. K. PIRATH, Verkehrseinheit und Verkehrspolitik, Berlin 1934
62. K. PIRATH, Verkehr und Landesplanung, Stuttgart 1938
63. A. PREDÖHL, Verkehrspolitik, Stuttgart 1958
64. R. QUAATZ, Sicherheit und Wirtschaft bei der Reichsbahn, Berlin 1929
65. H. RITSCHL, Vom Verkehrschaos zur Verkehrsordnung, Hamburg 1968
66. L. RÖBE, Die Investierungspolitik der Deutschen Reichsbahn, Berlin 1933
67. K. H. ROTH/M. SCHMID, Die Daimler-Benz AG 1916–1948. Schlüsseldokumente zur Konzerngeschichte, hrsg. von der Hamburger Stiftung für Sozialgeschichte des 20. Jahrhunderts, Nördlingen 1987
68. Sachverständigen-Ausschuß (Wetzler-Ausschuß), Die betriebsfremden Lasten und gemeinwirtschaftlichen Verpflichtungen der Deutschen Bundesbahn, Bad Godesberg 1956
69. A. SARTER, Was jeder von der Deutschen Reichsbahn wissen muß, Leipzig 1926, 1930, 1938, 1939, 1943
70. A. SARTER/T. KITTEL, Die Deutsche Reichsbahn-Gesellschaft, Berlin 1924, 1927, 1931

71. A. SARTER/T. KITTEL, Die Deutsche Bundesbahn. Ihr Aufbau und ihre Arbeitsgrundlagen, Frankfurt/M. 1952
72. E. SCHEELE, Tarifpolitik und Standortstruktur, Göttingen 1959
73. A. SCHMUCK, Wege zum Verkehr von heute. Daten, Fakten und Meinungen zu 50 Jahren Verkehr und Verkehrspolitik in der Bundesrepublik Deutschland (1945–1995), Hannover 1996
74. P. SCHULZ-KIESOW, Eisenbahngütertarifpolitik und Raumordnung, Leipzig 1939
75. H. St. SEIDENFUS, Verkehrsmärkte, Basel 1959
76. A. SEIFERT, Ein Leben für die Landschaft, Düsseldorf 1962
77. K.-J. SIEGFRIED, Rüstungsproduktion und Zwangsarbeiter im Volkswagenwerk 1939 bis 1945. Eine Dokumentation, Frankfurt/M. 1986
78. Sopade (Hrsg.), Deutschland-Berichte der Sopade 1934–1940, Frankfurt/M. 1980 (Reprint)
79. K. STIELER, Aus meinem Leben. Ein Stück deutscher Eisenbahngeschichte, Köln 1950
80. H. STRÖSSENREUTHER, Eisenbahnen und Eisenbahner zwischen 1920 und 1924, Frankfurt/M. 1968
81. H. STRÖSSENREUTHER, Eisenbahnen und Eisenbahner zwischen 1925 und 1930, Frankfurt/M. 1970
82. H. STRÖSSENREUTHER, Eisenbahnen und Eisenbahner zwischen 1931 und 1935, Frankfurt/M. 1971
83. H. STRÖSSENREUTHER, Eisenbahnen und Eisenbahner zwischen 1936 und 1940, Frankfurt/M. 1972
84. H. STRÖSSENREUTHER, Eisenbahnen und Eisenbahner zwischen 1941 und 1944, Frankfurt/M. 1973
85. H. STRÖSSENREUTHER, Eisenbahnen und Eisenbahner zwischen 1945 und 1950, Frankfurt/M. 1973
86. J. VOGT/A. SARTER/E. von BECK, Verkehrsprobleme der Reichsbahn, Berlin 1932
87. F. VOIGT, Verkehr, 4 Bde., Berlin 1965/1973
88. Zeitschrift des Vereins Deutscher Eisenbahnverwaltungen 1920–1944
89. Zeitschrift des Vereins Mitteleuropäischer Eisenbahnverwaltungen 1920–1944
90. Zeitschrift für Verkehrswissenschaft

B. Neuere Forschungsliteratur zur Verkehrsgeschichte

91. S. AROLD, Die technische Entwicklung und rüstungswirtschaftliche Bedeutung des Lokomotivbaus der Deutschen Reichsbahn im Dritten Reich (1933–1945), Stuttgart 1997
92. T. A. BARTOLOSCH, Eisenbahnfrachttarife als wirtschaftspolitisches Instrument. Zur Bekämpfung von Standortnachteilen der Siegerländer Schwerindustrie im 19. und 20. Jahrhundert, Siegen 2000
93. R. BAUER, Pkw-Bau in der DDR. Zur Innovationsschwäche von Zentralverwaltungswirtschaften, Bern 1999
94. H. BAUSINGER/K. BEYRER/G. KORFF (Hrsg.), Reisekultur. Von der Pilgerfahrt zum modernen Tourismus, München 1991
95. G. BECHSTEIN, Automobilwerbung von 1890 bis 1935. Versuch einer semiotischen Analyse früher Automobilannoncen, Bochum 1987
96. R. BILLSTEIN, Working for the enemy. Ford, General Motors, and forced labor in Germany during the Second World War, New York 2000
97. F. BLAICH, Why did the Pioneer Fall Behind? Motorization in Germany Between the Wars, in: T. Barker (ed.), The Economic and Social Effects of Motor Vehicles. An International Centenary Tribute, Basingstoke/London 1987, 148–164
98. H. BOCK/F. GARRECHT, Julius Dorpmüller – Ein Leben für die Eisenbahn. Biographie-Erinnerungen-Zeittendenzen, Pürgen 1996
99. G. BRAUNTHAL, The West German Legislative Process. A Case Study of Two Transportation Bills, Ithaca 1972
100. M. BROSZAT/H. WEBER (Hrsg.), SBZ-Handbuch. Staatliche Verwaltungen, Parteien, gesellschaftliche Organisationen und ihre Führungskräfte in der Sowjetischen Besatzungszone Deutschlands 1945–1949, München 1993 (2. Auflage)
101. H.-J. BUSS, Dreimal Stunde Null. Gewerkschaft am Schienenstrang, Frankfurt/M. 1973
102. Das Daimler-Benz-Buch. Ein Rüstungskonzern im „Tausendjährigen Reich", hrsg. von der Hamburger Stiftung für Sozialgeschichte des 20. Jahrhunderts, Nördlingen 1987
103. K. G. A. JESERICH/H. POHL/G.-C. VON UNRUH (Hrsg.), Deutsche Verwaltungsgeschichte, Bd. 4 (Das Reich als Republik und in der Zeit des Nationalsozialismus), Stuttgart 1985

104. H.-L. DIENEL/B. SCHMUCKI (Hrsg.), Mobilität für alle. Geschichte des öffentlichen Personennahverkehrs in der Stadt zwischen technischem Fortschritt und sozialer Pflicht, Stuttgart 1997
105. H.-L. DIENEL/H. TRISCHLER (Hrsg.), Geschichte der Zukunft des Verkehrs. Verkehrskonzepte von der Frühen Neuzeit bis zum 21. Jahrhundert, Frankfurt/M. 1997
106. H. DOLLINGER, Die totale Autogesellschaft, München 1972
107. M. DUBE, Die Entwicklung des Schienenfahrzeugbaus in der DDR von 1945 bis 1970, in: Jahrbuch für Wirtschaftsgeschichte, Sonderband, Berlin 1989, 105–139
108. M. DÜRBAUM, Aus dem Leben eines Automobilclubs. 80 Jahre ADAC 1903–1983,Wiesbaden 1983
109. M. ECKOLDT (Hrsg.), Flüsse und Kanäle. Geschichte der deutschen Wasserstraßen, Hamburg 1998
110. H. EDELMANN, Vom Luxusgut zum Gebrauchsgegenstand. Die Geschichte der Verbreitung von Personenkraftwagen in Deutschland, Frankfurt/M. 1989
111. D. FACK, Automobil, Verkehr und Erziehung. Motorisierung und Sozialisation zwischen Beschleunigung und Anpassung 1945, Opladen 2000
112. R. FREMDLING/R. FEDERSPIEL/A. KUNZ (Hrsg.), Statistik der Eisenbahnen in Deutschland 1835–1989, St. Katharinen 1995
113. A. GALL, „Gute Straßen bis ins kleinste Dorf!". Verkehrspolitik und Landesplanung 1945 bis 1976, in: T. Schlemmer/H. Woller (Hrsg.), Bayern im Bund, Bd. 1 (Die Erschließung des Landes), München 2001, 119–204
114. L. GALL/M. POHL (Hrsg.), Die Eisenbahn in Deutschland. Von den Anfängen bis zur Gegenwart, München 1999
115. R. GARN (Hrsg.), Reichsbahn ohne Reich. Über die Nachkriegsgeschichte der Ostdeutschen Staatsbahn, Bd. 1 (Auferstanden aus den Ruinen?), Berlin 1996
116. C. GARNER, Public Service Personnel in West Germany in the 1950's. Controversial Policy Decisions and their Effects on Social Composition, Gender Structure, and the Role of Former Nazis, in: R. G. Moeller (ed.), West Germany under construction. Politics, Society and Culture in the Adenauer Era, Ann Arbor 1997, 135–195
117. A. GOTTWALDT, Kriegslokomotiven. Entstehung und Schicksal der deutschen Lokomotivtypen des 2. Weltkrieges, Stuttgart 1970
118. A. GOTTWALDT, Deutsche Eisenbahnen im Zweiten Weltkrieg. Rüstung, Krieg und Eisenbahn (1939–1945), Stuttgart 1983

119. A. GOTTWALDT, Deutsche Reichsbahn. Kulturgeschichte und Technik, Berlin 1994
120. A. GOTTWALDT, Julius Dorpmüller, die Reichsbahn und die Autobahn. Verkehrspolitik und Leben des Verkehrsministers bis 1945, Berlin 1995
121. A. GOTTWALDT, „Fahren für Deutschlands Sieg!“, in: A. Gottwaldt/S. Klewin (Hrsg.), Ich diente nur der Technik, Berlin 1995, 153–184
122. U. GRANDKE, Kommunale Verkehrspolitik in Münster 1918 bis 1939, Münster 1998
123. N. GREGOR, Daimler-Benz in the Third Reich, New Haven 1998
124. A. HAACK, Die Trennung von Arbeiten und Wohnen. Eine Analyse der Berufspendlerströme in Hamburg 1939–1970, Hamburg 1981
125. A. HEIMES, Vom Saumpfad zur Transportindustrie, Bonn-Bad Godesberg 1978
126. H. HENNING, Kraftfahrzeugindustrie und Autobahn in der Wirtschaftspolitik 1933–1936, in: VSWG 65 (1978), 217–242
127. P. HEYDE, Das Ende der Reparationen. Deutschland, Frankreich und der Young-Plan 1929–1932, Paderborn 1998
128. K. HICKETHIER/E. SCHACHINGER/E. KNOEDLER-BUNTE (Hrsg.), Die Berliner S-Bahn. Gesellschaftsgeschichte eines industriellen Verkehrsmittels, Berlin 1984 (2. Auflage)
129. R. HILBERG, Sonderzüge nach Auschwitz, Frankfurt/M. 1987
130. K. HILDEBRAND, Die Deutsche Reichsbahn in der nationalsozialistischen Diktatur 1933–1945, in: L. Gall/M. Pohl (Hrsg.), Die Eisenbahn in Deutschland, München 1999, 165–243
131. J. HOHENSEE, Und sonntags wieder laufen … Die erste „Ölkrise“ 1973/74 und ihre Perzeption in der Bundesrepublik Deutschland, in: M. Salewski/I. Stoelken-Fitschen (Hrsg.), Moderne Zeiten. Technik und Zeitgeist im 19. und 20. Jahrhundert, Stuttgart 1994, 175–196
132. B. HOPTMANN/M. SPOERER/B. WEITZ/B. BRÜNINGHAUS, Zwangsarbeit bei Daimler-Benz, Stuttgart 1994
133. Jahrbuch für Eisenbahngeschichte 1(1967) – 34 (2001)
134. A. JANIKOWSKI, Die Entwicklung der S-Bahn-Netze in Deutschland, Karlsruhe 1990
135. M. JEHLE/F. SONNENBERGER (Hrsg.), Zug der Zeit – Zeit der Züge. Deutsche Eisenbahnen 1835–1985, 2 Bde., Berlin 1985
136. A. JOACHIMSTHALER, Die Breitspurbahn Hitlers. Eine Dokumentation über die geplante transkontinentale 3-Meter-Breitspureisenbahn der Jahre 1942–1945, Freiburg 1981

137. K. Kaftan, Der Kampf um die Autobahnen. Geschichte und Entwicklung des Autobahngedankens in Deutschland von 1907–1935, Berlin 1955

138. C. Keitz, Reisen als Leitbild. Die Entstehung des modernen Massentourismus in Deutschland, München 1997

139. W. Kiessling, Willi Kreikemeyer, der verschwundene Reichsbahnchef, Berlin 1997

140. P. Kirchberg, Typisierung in der Kraftfahrzeugindustrie und der Generalbevollmächtigte für das Kraftfahrwesen, in: Jahrbuch für Wirtschaftsgeschichte 1969/II, 117–142

141. P. Kirchberg, Plaste, Blech und Planwirtschaft. Geschichte des Automobilbaus in der DDR, Berlin 2000

142. D. Klenke, „Freier Stau für freie Bürger". Die Geschichte der bundesdeutschen Verkehrspolitik 1949–1994, Darmstadt 1995

143. D. Klenke, Autobahnbau und Naturschutz in Deutschland. Eine Liaison von Nationalpolitik, Landschaftspflege und Motorisierungsvision bis zur ökologischen Wende der siebziger Jahre, in: Westfälisches Institut für Regionalgeschichte (Hrsg.), Politische Zäsuren und gesellschaftliche Modernisierung im 20. Jahrhundert, Paderborn 1995

144. D. Klenke, Bundesdeutsche Verkehrspolitik und Motorisierung. Konfliktträchtige Weichenstellungen in den Jahren des Wiederaufstiegs, Stuttgart 1993

145. G. Kock, Der Kampf um das Monopol. Die Deutsche Reichsbahn-Gesellschaft und der Schenker-Vertrag, in: Gestaltungskraft des Politischen. Festschrift für Eberhard Kolb, hrsg. von W. Pyta/L. Richter, Berlin 1998, 139–172

146. E. Kolb, Die Reichsbahn vom Dawes-Plan bis zum Ende der Weimarer Republik, in: L. Gall/M. Pohl (Hrsg.), Die Eisenbahn in Deutschland, München 1999, 109–163

147. C. Kopper, Modernität oder Scheinmodernität nationalsozialistischer Herrschaft. Das Beispiel der Verkehrspolitik, in: Von der Aufgabe der Freiheit. Politische Verantwortung und bürgerliche Gesellschaft im 19. und 20. Jahrhundert. Festschrift für Hans Mommsen zum 5. November 1995, hrsg. von C. Jansen/L. Niethammer/B. Weisbrod, Berlin 1995, 399–411

148. C. Kopper, Die Deutsche Reichsbahn 1949–1989, in: L. Gall/M. Pohl (Hrsg.), Die Eisenbahn in Deutschland, München 1999, 281–316

149. M. Kornrumpf, HAFRABA e.V. Deutsche Autobahnplanung 1926–1934, Bonn 1990

150. T. KRÄMER-BADONI/H. GRYMER/M. RODENSTEIN, Zur sozioökonomischen Bedeutung des Automobils, Frankfurt/M. 1971
151. E. KRAMER, Die Entwicklung des Verkehrswesens in der DDR, Berlin 1978
152. E. KREIDLER, Die Eisenbahnen im Machtbereich der Achsenmächte während des Zweiten Weltkrieges: Einsatz und Leistung für die Wehrmacht und Kriegswirtschaft, Göttingen 1975
153. T. KÜHNE, Massenmotorisierung und Verkehrspolitik im 20. Jahrhundert. Technikgeschichte als politische Sozial- und Kulturgeschichte, in: NPL 41 (1996), 196–229
154. R. KÜHR, Die Reparationspolitik der UdSSR und die Sowjetisierung des Verkehrswesens der SBZ: Eine Untersuchung der Entwicklung der Deutschen Reichsbahn 1945–1949, Bochum 1996
155. H. R. KURZ, Fliegende Züge. Vom „Fliegenden Hamburger" zum „Fliegenden Kölner", Freiburg 1986
156. K. LÄRMER, Autobahnbau in Deutschland 1933 bis 1945. Zu den Hintergründen, Berlin 1975
157. T. LIEBL u.a. (Hrsg.), 150 Jahre deutsche Eisenbahnen. Offizieller Jubiläumsband der Deutschen Bundesbahn, München 1985
158. F. LIPPERT, Kraftwagenverkehr und Rationalisierung in der Weimarer Republik. Technische und ökonomische Aspekte fertigungsstruktureller und logistischer Wandlungen in den 1920er Jahren, Frankfurt/M. 1999
159. A. C. MIERZEJEWSKI, Bomben auf die Reichsbahn. Der Zusammenbruch der deutschen Kriegswirtschaft 1944–1945, Freiburg 1993
160. A. C. MIERZEJEWSKI, The Most Valuable Asset of the Reich. A History of the German National Railway, vol. 1 (1920–1932), vol. 2 (1933–1945), Chapel Hill 1999/2000
161. H. MOMMSEN (mit M. GRIEGER), Das Volkswagenwerk und seine Arbeiter im Dritten Reich, Düsseldorf 1996
162. G. NELIBA, Die Opel-Werke im Konzern von General Motors (1929–1948) in Rüsselsheim und Brandenburg. Produktion für Aufrüstung und Krieg ab 1935 unter nationalsozialistischer Herrschaft, Frankfurt/M. 2000
163. A. J. NICHOLLS, Zusammenbruch und Wiederaufbau: Die Reichsbahn während der Besatzungszeit, in: L. Gall/M. Pohl (Hrsg.), Die Eisenbahn in Deutschland, München 1999, 245–279
164. B. NIEDER, TGV und ICE im Spannungsfeld von Politik, Verwaltung und Industrie (1968–1991). Ein deutsch-französischer Vergleich, Herne 1997

165. H. NIEMANN/A. HERRMANN (Hrsg.), Die Entwicklung der Motorisierung im Deutschen Reich und den Nachfolgestaaten, Stuttgart 1995
166. H. NIEMANN/A. HERRMANN (Hrsg.), 100 Jahre LKW. Geschichte und Zukunft des Nutzfahrzeuges, Stuttgart 1997
167. H. NIEMANN/A. HERRMANN (Hrsg.), Geschichte der Straßenverkehrssicherheit im Wechselspiel zwischen Fahrzeug, Fahrbahn und Mensch, Bielefeld 1999
168. P. NORDEN, Unternehmen Reichsautobahn, Bayreuth 1983
169. R. OVERY, Cars, Roads and Economic Recovery in Germany 1932–1938, in: R. Overy, War and Economy in the Third Reich, Oxford 1994, 68–89
170. K. PÄTZOLD/E. SCHWARZ, „Auschwitz war für mich nur ein Bahnhof". Franz Novak – der Transportoffizier Adolf Eichmanns, Berlin 1994
171. M. PESCH, Struktur und Funktionsweise der Kriegswirtschaft in Deutschland ab 1942 unter besonderer Berücksichtigung des organisatorischen und produktionstechnischen Wandels in der Fahrzeugindustrie, Köln 1988
172. J.-H. PETERS, Personalpolitik und Rationalisierungsbestrebungen der Deutschen Reichsbahn-Gesellschaft zwischen 1924 und 1929, Frankfurt/M. 1996
173. W. PISCHEL, Die Generaldirektion der Ostbahn in Krakau 1939–1945, in: Archiv für Eisenbahnwesen 74 (1964), 1–80
174. R. PLAPPERT, Verkehr und Verkehrspolitik, in: Beiträge zu 50 Jahren Geschichte des Landes Rheinland-Pfalz, Koblenz 1997, 235–291
175. H. POHL/B. BRÜNINGHAUS, Die Einflüsse der Motorisierung auf das Verkehrswesen von 1886 bis 1986, Stuttgart 1988
176. H. POHL (Hrsg.), Traditionspflege in der Automobilindustrie, Stuttgart 1991
177. M. POHL (unter Mitarbeit von S. KILL), Von der Staatsbahn zur Reichsbahn 1918–1924, in: L. Gall/M. Pohl (Hrsg.), Die Eisenbahn in Deutschland, München 1999, 71–107
178. W. POLSTER/K. VOY, Eigenheim und Automobil. Materielle Fundamente der Lebensweise, in: K. Voy/W. Polster/C. Thomasberger (Hrsg.), Gesellschaftliche Transformation und materielle Lebensweise, 2 Bde., Marburg 1991, 263–320
179. H. POTTGIESSER, Die Reichsbahn im Ostfeldzug 1939–1944, Neckargemünd 1960
180. B. RAMPP, Verkehrswirtschaft Ostdeutschlands, München 1993

181. E. REHBEIN/J. LINDOW/K. WEGNER/H. WEHNER, Deutsche Eisenbahnen 1835–1985, Berlin 1985
182. S. REICH, The Fruits of Fascism. Postwar Prosperity in Historical Perspective, Ithaca 1990
183. M. REIMER/L. MEYER/V. KUBITZKI, Kolonne. Die Deutsche Reichsbahn im Dienste der Sowjetunion, Stuttgart 1998
184. W. REININGHAUS/K. TEPPE (Hrsg.), Verkehr und Region im 19. und 20. Jahrhundert. Westfälische Beispiele, Paderborn 1999
185. H. ROHDE, Transportmodernisierung contra Verkehrsbewirtschaftung. Zur staatlichen Verkehrspolitik gegenüber dem LKW in den 30er Jahren, Frankfurt/M. 1999
186. R. R. ROSSBERG, Grenze über deutschen Schienen 1945–1990, Freiburg 1991
187. U.-M. RUSER, Die Reichsbahn als Reparationsobjekt, Freiburg 1981
188. W. SACHS, Die Liebe zum Automobil. Ein Rückblick in die Geschichte unserer Wünsche, Reinbek 1984
189. A. SCHILDT, Moderne Zeiten. Freizeit, Massenmedien und „Zeitgeist“ in der Bundesrepublik der 50er Jahre, Hamburg 1995
190. A. SCHILDT, Dynamische Zeiten: Die 60er Jahre in den beiden deutschen Gesellschaften, Hamburg 2000
191. W. SCHIVELBUSCH, Geschichte der Eisenbahnreise. Zur Industrialisierung von Raum und Zeit im 19. Jahrhundert, Frankfurt/M. 1989
192. B. SCHMUCKI, Der Traum vom Verkehrsfluss. Geschichte des Stadtverkehrs seit dem Zweiten Weltkrieg im deutsch-deutschen Vergleich, Frankfurt/M. 2001
193. P. A. SCHYMANIETZ, Die Organiation der deutschen Eisenbahnen 1835–1975, Wuppertal 1977
194. K. A. F. SCHÜLER, Logistik im Rußlandfeldzug. Die Rolle der Eisenbahn bei Planung, Vorbereitung und Durchführung des deutschen Angriffs auf die Sowjetunion bis zur Krise von Moskau im Winter 1941/42, Frankfurt/M. 1987
195. E. SCHÜTZ/E. GRUBER, Mythos Reichsautobahn. Bau und Inszenierung der „Straßen des Führers“ 1933–1941, Berlin 1996
196. G. SCHULZ, Die Deutsche Bundesbahn 1949–1989, in: L. Gall/M. Pohl (Hrsg.), Die Eisenbahn in Deutschland, München 1999, 317–376
197. H.-P. SCHWARZ, Wiedervereinigung und Bahnreform 1989–1994, in: L. GALL/M. POHL (Hrsg.), Die Eisenbahn in Deutschland, München 1999, 377–418

198. F. W. SEIDLER, Die Organisation Todt. Bauen für Wehrmacht und Staat 1938–1945, Koblenz 1987
199. F. W. SEIDLER, Fritz Todt. Baumeister des Dritten Reiches, München 1988
200. K.-J. SIEGFRIED, Das Leben der Zwangsarbeiter im Volkswagenwerk 1939–1945, Frankfurt/M. 1988
201. H. SPODE, „Der deutsche Arbeiter reist“. Massentourismus im Dritten Reich, in: G. Huck (Hrsg.), Sozialgeschichte der Freizeit. Untersuchungen zum Wandel der Alltagskultur in Deutschland, Wuppertal 1982, 281–306
202. H. SPODE, Arbeiterurlaub im Dritten Reich, in: C. Sachse u.a. (Hrsg.), Angst, Belohnung, Zucht und Ordnung. Herrschaftsmechanismen im Nationalsozialismus, Opladen 1982, 275–328
203. H. SPODE, Zur Geschichte des Tourismus. Eine Skizze der Entwicklung der touristischen Reisen in der Moderne, Starnberg 1987
204. H. SPODE (Hrsg.), Zur Sonne, zur Freiheit! Beiträge zur Tourismusgeschichte, Berlin 1988
205. R. STOMMER, Reichsautobahn. Pyramiden des Dritten Reiches. Analysen zur Ästhetik eines unbewältigten Mythos, Marburg 1982
206. T. SÜDBECK, Motorisierung, Verkehrsentwicklung und Verkehrspolitik in der Bundesrepublik Deutschland der 1950er Jahre. Umrisse einer allgemeinen Entwicklung und zwei regionale Beispiele: Hamburg und Emsland, Stuttgart 1994
207. U. VAN SUNTUM, Verkehrspolitik, München 1986
208. M. TESSNER, Die deutsche Automobilindustrie im Strukturwandel von 1919 bis 1938, Köln 1994
209. G. TIFFE, Geschichte des deutschen Lokomotivbaus, Berlin 1985
210. M. ULICZKA, Berufsbiographie und Flüchtlingsschicksal. VW-Arbeiter in der Nachkriegszeit, Hannover 1993
211. H. WEISHAUPT, Die Entwicklung der passiven Sicherheit im Automobilbau von den Anfängen bis 1980 unter besonderer Berücksichtigung der Daimler-Benz AG, Bielefeld 1999
212. V. WELLHÖNER, „Wirtschaftswunder“, Weltmarkt, westdeutscher Fordismus. Der Fall Volkswagen, Münster 1996
213. T. WEYMAR, Im Trabi zur Sonne, zur Freizeit, Köln 1984
214. K. WINDISCH-HOJNACKI, Die Reichsautobahn. Konzeption und Bau der RAB, ihre ästhetischen Aspekte sowie ihre Illustration in Malerei, Literatur, Fotografie und Plastik, Diss. Bonn 1989
215. W. WOLF, Eisenbahn und Autowahn. Personen- und Gütertrans-

port auf Schiene und Straße. Geschichte, Bilanz, Perspektiven, Hamburg 1987

216. A. Zatsch, Staatsmacht und Motorisierung am Morgen des Automobilzeitalters, Konstanz 1993

C. Forschungsliteratur zur Geschichte des Handels

217. A. Andersen, Der Traum vom guten Leben. Alltags- und Konsumgeschichte vom Wirtschaftswunder bis heute, Frankfurt/M. 1997

218. G. Aschoff/E. Henningsen, Das deutsche Genossenschaftswesen: Entwicklung, Struktur, wirtschaftliches Potential, Frankfurt/M. 1985

219. F. Bajohr, Arisierung in Hamburg. Die Verdrängung der jüdischen Unternehmer 1933–1945, Hamburg 1997

220. A. Barkai, Vom Boykott zur „Entjudung“: Der wirtschaftliche Existenzkampf der Juden im Dritten Reich 1933–1943, Frankfurt/M. 1988

221. U. Becher, Geschichte des modernen Lebensstils. Essen – Wohnen – Freizeit – Reisen, München 1990

222. L. Berekoven, Geschichte des deutschen Einzelhandels, Frankfurt/M. 1986

223. K. Bludau, Nationalsozialismus und Konsumgenossenschaften, Hannover 1969

224. W. Bongard, Fetische des Konsums. Portraits klassischer Markenartikel, Hamburg 1964

225. P. Borscheid/C. Wischermann (Hrsg.), Bilderwelt des Alltags. Werbung in der Konsumgesellschaft des 19. und 20. Jahrhunderts. Festschrift für Hans Jürgen Teuteberg, Stuttgart 1995

226. P. Bourdieu, Die feinen Unterschiede. Kritik der gesellschaftlichen Urteilskraft, Frankfurt/M. 1986

227. A. Bruns-Wüstefeld, Lohnende Geschäfte: Die „Entjudung“ der Wirtschaft am Beispiel Göttingens, Hannover 1997

228. E. Carter, How German is she? Postwar West German Reconstruction and the Consuming Woman, Ann Arbor 1997

229. E. Dichtl/W. Eggers (Hrsg.), Marke und Markenartikel als Instrumente des Wettbewerbs, München 1992

230. F. Fotiadis u.a., Konsum- und Investitionsverhalten in der Bundesrepublik seit den fünfziger Jahren, Bd. 1, Berlin 1980

231. H. FREI, Tempel der Kauflust. Eine Geschichte der Kaufhauskultur, Leipzig 1997
232. K. FUCHS, Ein Kaufhaus aus Sachsen: Das Kaufhaus Schocken als Spiegelbild deutscher Wirtschaft und Politik 1901–1953, Stuttgart 1990
233. M. GEBHARD, Die Entwicklung der Verpackung für Konsumfertigwaren seit 1945, Nürnberg 1957
234. R. GRIES/V. ILGEN/D. SCHINDELBECK, „Ins Gehirn der Masse kriechen!". Werbung und Mentalitätsgeschichte, Darmstadt 1995
235. P. Hansen, Der Markenartikel. Analyse seiner Entwicklung und Stellung im Rahmen des Markenwesens, Berlin 1970
236. E. HASSELMANN, Geschichte der deutschen Konsumgenossenschaften, Frankfurt/M. 1971
237. W. F. HAUG, Kritik der Warenästhetik, Frankfurt/M. 1971
238. U. HELLMANN, Künstliche Kälte. Die Geschichte der Kühlung im Haushalt, Gießen 1990
239. R. HEPP, Selbstherrlichkeit und Selbstbedienung. Zur Dialektik der Emanzipation, München 1971
240. H. HOMBURG, The first large firms in German retailing – The chains of Department Stores from the 1920s to the 1970/1980s, in: Jahrbuch für Wirtschaftsgeschichte 2000/1, 171–198
241. M. IMOBERSTEG, Die Entwicklung des Konsums mit zunehmendem Wohlstand, Zürich 1967
242. H. KAELBLE/J. KOCKA/H. SIEGRIST (Hrsg.), Konsumgeschichte als Gesellschaftsgeschichte, Frankfurt/M. 1997
243. G. KATONA, Der Massenkonsum. Eine Psychologie der neuen Käuferschichten, Wien/Düsseldorf 1965
244. G. KATONA/B. STRUEMPEL/E. ZAHN, Zwei Wege zur Prosperität, Düsseldorf 1971
245. J. KELLNER u.a. (Hrsg.), 50 Jahre Werbung in Deutschland, Frankfurt/M. 1995
246. W. KÖNIG, Geschichte der Konsumgesellschaft, Stuttgart 2000
247. M. KRIEGESKORTE, Werbung in Deutschland 1945–1965. Die Nachkriegszeit im Spiegel ihrer Anzeigen, Köln 1992
248. U. KURZER, Nationalsozialismus und Konsumgenossenschaften: Gleichschaltung, Sanierung und Teilliquidation zwischen 1933 und 1936, Pfaffenweiler 1996
249. S. LADWIG-WINTERS, Wertheim, ein Warenhausunternehmen und seine Eigentümer, Münster 1997
250. S. LADWIG-WINTERS, Wertheim: Geschichte eines Warenhauses, Berlin 1997

251. E. LEITHERER/H. WICHMANN, Reiz und Hülle. Gestaltete Warenverpackungen des 19. und 20. Jahrhunderts, Basel 1987
252. J. LUDWIG, Boykott, Enteignung, Mord: Die „Entjudung" der deutschen Wirtschaft, München 1992
253. R. LENZ, Karstadt: Ein deutscher Warenhauskonzern 1920–1950, Stuttgart 1995
254. A. LÜDTKE/I. MARSSOLEK/A. VON SALDERN (Hrsg.), Amerikanisierung. Traum und Alptraum im Deutschland des 20. Jahrhunderts, Stuttgart 1996
255. I. MERKEL, Utopie und Bedürfnis. Die Geschichte der Konsumkultur der DDR, Köln 1998
256. J. NECKERMANN, Erinnerungen, Berlin 1990
257. T. PIERENKEMPER, Haushalt und Verbrauch in historischer Perspektive. Zum Wandel des privaten Verbrauchs in Deutschland im 19. und 20. Jahrhundert, St. Katharinen 1987
258. T. PIERENKEMPER, Josef Neckermann (1912–1992) – Anmerkungen zur Autobiographie, in: Jahrbuch für Wirtschaftsgeschichte 1996/2, 235–245
259. H. POHL (Hrsg.), Absatzstrategien deutscher Unternehmen. Gestern – Heute – Morgen, Wiesbaden 1982
260. W. PROTZNER (Hrsg.), Vom Hungerwinter zum kulinarischen Schlaraffenland. Aspekte einer Kulturgeschichte des Essens in der Bundesrepublik Deutschland, Wiesbaden 1987
261. G. RINSCHE, Der aufwendige Konsum, Berlin 1961
262. A. VON SALDERN, Mittelstand im „Dritten Reich". Handwerker – Einzelhändler – Bauern, Frankfurt/M. 1979
263. F. SCHNEIDER (Hrsg.), Die Finanzierung des privaten Haushalts, Frankfurt/M. 1969
264. H. G. SCHRÖTER, Die Amerikanisierung der Werbung in der Bundesrepublik Deutschland, in: Jahrbuch für Wirtschaftsgeschichte 1997/1, 93–115
265. J. SIEGLERSCHMIDT (Hrsg.), Der Aufbruch ins Schlaraffenland. Stellen die fünfziger Jahre eine Epochenschwelle im Mensch-Umwelt-Verhältnis dar?, Mannheim 1995
266. K. STROHMEYER, Warenhäuser – Geschichte, Blüte und Untergang im Warenmeer, Berlin 1980
267. H. UHLIG, Die Warenhäuser im Dritten Reich, Köln/Opladen 1956
268. T. VEBLEN, Theorie der feinen Leute. Eine ökonomische Untersuchung der Institutionen, Frankfurt/M. 1993
269. A. WEUSLER, Theorie der Konsumgenossenschaftsentwicklung.

Die deutschen Konsumgenossenschaften bis zum Ende der Weimarer Zeit, Berlin 1980

270. M. WILDT, Am Beginn der Konsumgesellschaft. Mangelerfahrung, Lebenshaltung, Wohlstandshoffnung in Westdeutschland in den fünfziger Jahren, Hamburg 1994

271. M. WILDT, Vom kleinen Wohlstand. Eine Konsumgeschichte der fünfziger Jahre, Frankfurt/M. 1996

272. H. A. WINKLER, Der entbehrliche Stand. Zur Mittelstandspolitik im „Dritten Reich", in: Archiv für Sozialgeschichte 17 (1977), 1–4

273. Wunderwirtschaft. DDR-Konsumkultur in den 60er Jahren, Köln 1996

Register

Personenregister

Ortsregister

Sachregister

Enzyklopädie deutscher Geschichte

Themen und Autoren

Mittelalter

Gesellschaft

Agrarwirtschaft, Agrarverfassung und ländliche Gesellschaft im Mittelalter (Werner Rösener) 1992. EdG 13
Adel, Rittertum und Ministerialität im Mittelalter (Werner Hechberger)
Die Stadt im Mittelalter (Michael Matheus)
Armut im Mittelalter (Otto Gerhard Oexle)
Geschlechtergeschichte des Mittelalters (Hedwig Röckelein)
Die Juden im mittelalterlichen Reich (Michael Toch) 1998. EdG 44

Wirtschaft

Wirtschaftlicher Wandel und Wirtschaftspolitik im Mittelalter (Michael Rothmann)

Kultur, Alltag, Mentalitäten

Wissen als soziales System im Frühen und Hochmittelalter (Johannes Fried)
Die geistige Kultur im späteren Mittelalter (Johannes Helmrath)
Die ritterlich-höfische Kultur des Mittelalters (Werner Paravicini) 2. Aufl. 1999. EdG 32

Religion und Kirche

Die mittelalterliche Kirche (Michael Borgolte) 1992. EdG 17
Religiöse Bewegungen im Mittelalter (N. N.)
Formen der Frömmigkeit im Mittelalter (Arnold Angenendt)

Politik, Staat, Verfassung

Die Germanen (Walter Pohl) 2000. EDG 57
Die Slawen in der deutschen Geschichte des Mittelalters (Thomas Wünsch)
Das römische Erbe und das Merowingerreich (Reinhold Kaiser) 2. Aufl. 1997. EdG 26
Das Karolingerreich (Bernd Schneidmüller)
Die Entstehung des Deutschen Reiches (Joachim Ehlers) 2. Aufl. 1998. EdG 31
Königtum und Königsherrschaft im 10. und 11. Jahrhundert (Egon Boshof) 2. Aufl. 1997. EdG 27
Der Investiturstreit (Wilfried Hartmann) 2. Aufl. 1996. EdG 21
König und Fürsten, Kaiser und Papst nach dem Wormser Konkordat (Bernhard Schimmelpfennig) 1996. EdG 37
Deutschland und seine Nachbarn 1200–1500 (Dieter Berg) 1996. EdG 40
Die kirchliche Krise des Spätmittelalters (Heribert Müller)
König, Reich und Reichsreform im Spätmittelalter (Karl-Friedrich Krieger) 1992. EdG 14
Fürstliche Herrschaft und Territorien im späten Mittelalter (Ernst Schubert) 1996. EdG 35

Frühe Neuzeit

Gesellschaft

Bevölkerungsgeschichte und historische Demographie 1500–1800 (Christian Pfister) 1994. EdG 28
Umweltgeschichte der Frühen Neuzeit (Christian Pfister)

Bauern zwischen Bauernkrieg und Dreißigjährigem Krieg (André Holenstein) 1996. EdG 38
Bauern 1648–1806 (Werner Troßbach) 1992. EdG 19
Adel in der Frühen Neuzeit (Rudolf Endres) 1993. EdG 18
Der Fürstenhof in der Frühen Neuzeit (Rainer A. Müller) 1995. EdG 33
Die Stadt in der Frühen Neuzeit (Heinz Schilling) 1993. EdG 24
Armut, Unterschichten, Randgruppen in der Frühen Neuzeit (Wolfgang von Hippel) 1995. EdG 34
Unruhen in der ständischen Gesellschaft 1300–1800 (Peter Blickle) 1988. EdG 1
Frauen- und Geschlechtergeschichte 1500–1800 (Heide Wunder)
Die Juden in Deutschland vom 16. bis zum Ende des 18. Jahrhunderts (J. Friedrich Battenberg) 2001. EdG 60

Wirtschaft

Die deutsche Wirtschaft im 16. Jahrhundert (Franz Mathis) 1992. EdG 11
Die Entwicklung der Wirtschaft im Zeitalter des Merkantilismus 1620–1800 (Rainer Gömmel) 1998. EdG 46
Landwirtschaft in der Frühen Neuzeit (Walter Achilles) 1991. EdG 10
Gewerbe in der Frühen Neuzeit (Wilfried Reininghaus) 1990. EdG 3
Kommunikation, Handel, Geld und Banken in der Frühen Neuzeit (Michael North) 2000. EdG 59

Kultur, Alltag, Mentalitäten

Medien in der Frühen Neuzeit (Stephan Füssel)
Bildung und Wissenschaft im 15. und 16. Jahrhundert (Notker Hammerstein)
Bildung und Wissenschaft in der Frühen Neuzeit 1650–1800 (Anton Schindling) 2. Aufl. 1999. EdG 30
Die Aufklärung (Winfried Müller) 2002. EdG 61
Lebenswelt und Kultur des Bürgertums in der Frühen Neuzeit (Bernd Roeck) 1991. EdG 9
Lebenswelt und Kultur der unterständischen Schichten in der Frühen Neuzeit (Robert von Friedeburg) 2002. EdG 62

Religion und Kirche

Die Reformation. Voraussetzungen und Durchsetzung (Olaf Mörke)
Konfessionalisierung im 16. Jahrhundert (Heinrich Richard Schmidt) 1992. EdG 12
Kirche, Staat und Gesellschaft im 17. und 18. Jahrhundert (Michael Maurer) 1999. EdG 51
Religiöse Bewegungen in der Frühen Neuzeit (Hans-Jürgen Goertz) 1993. EdG 20

Politik, Staat und Verfassung

Das Reich in der Frühen Neuzeit (Helmut Neuhaus) 1997. EdG 42
Landesherrschaft, Territorien und Staat in der Frühen Neuzeit (Joachim Bahlcke)
Die Entwicklung der landständischen Verfassung (Kersten Krüger)
Vom aufgeklärten Reformstaat zum bürokratischen Staatsabsolutismus (Walter Demel) 1993. EdG 23
Militärgeschichte des späten Mittelalters und der Frühen Neuzeit (Bernhard Kroener)

Staatensystem, internationale Beziehungen

Das Reich im Kampf um die Hegemonie in Europa 1521–1648 (Alfred Kohler) 1990. EdG 6
Altes Reich und europäische Staatenwelt 1648–1806 (Heinz Duchhardt) 1990. EdG 4

19. und 20. Jahrhundert

Gesellschaft

Demographie des 19. und 20. Jahrhunderts (Josef Ehmer)
Umweltgeschichte des 19. und 20. Jahrhunderts (Arne Andersen)
Adel im 19. und 20. Jahrhundert (Heinz Reif) 1999. EdG 55
Geschichte der Familie im 19. und 20. Jahrhundert (Andreas Gestrich) 1998. EdG 50
Urbanisierung im 19. und 20. Jahrhundert (Klaus Tenfelde)
Soziale Schichtung, soziale Mobilität und sozialer Protest im 19. und 20. Jahrhundert (N.N.)
Von der ständischen zur bürgerlichen Gesellschaft (Lothar Gall) 1993. EdG 25
Die Angestellten seit dem 19. Jahrhundert (Günter Schulz) 2000. EdG 54
Die Arbeiterschaft im 19. und 20. Jahrhundert (Gerhard Schildt) 1996. EdG 36
Frauen- und Geschlechtergeschichte im 19. und 20. Jahrhundert (Karen Hagemann)
Die Juden in Deutschland 1780–1918 (Shulamit Volkov) 2. Aufl. 2000. EdG 16
Die Juden in Deutschland 1914–1945 (Moshe Zimmermann) 1997. EdG 43

Wirtschaft

Die Industrielle Revolution in Deutschland (Hans-Werner Hahn) 1998. EdG 49
Die deutsche Wirtschaft im 20. Jahrhundert (Wilfried Feldenkirchen) 1998. EdG 47
Agrarwirtschaft und ländliche Gesellschaft im 19. Jahrhundert (Stefan Brakensiek)
Agrarwirtschaft und ländliche Gesellschaft im 20. Jahrhundert (Ulrich Kluge)
Gewerbe und Industrie im 19. und 20. Jahrhundert (Toni Pierenkemper) 1994. EdG 29
Handel und Verkehr im 19. Jahrhundert (Karl Heinrich Kaufhold)
Handel und Verkehr im 20. Jahrhundert (Christopher Kopper) 2002. EdG 63
Banken und Versicherungen im 19. und 20. Jahrhundert (Eckhard Wandel) 1998. EdG 45
Staat und Wirtschaft im 19. Jahrhundert (bis 1914) (Rudolf Boch)
Staat und Wirtschaft im 20. Jahrhundert (Gerold Ambrosius) 1990. EdG 7

Kultur, Alltag und Mentalitäten

Kultur, Bildung und Wissenschaft im 19. Jahrhundert (Hans-Christof Kraus)
Kultur, Bildung und Wissenschaft im 20. Jahrhundert (Frank-Lothar Kroll)
Lebenswelt und Kultur des Bürgertums im 19. und 20. Jahrhundert (Andreas Schulz)
Lebenswelt und Kultur der unterbürgerlichen Schichten im 19. und 20. Jahrhundert (Wolfgang Kaschuba) 1990. EdG 5

Religion und Kirche

Formen der Frömmigkeit in einer sich säkularisierenden Gesellschaft (Karl Egon Lönne)
Kirche, Politik und Gesellschaft im 19. Jahrhundert (Gerhard Besier) 1998. EdG 48
Kirche, Politik und Gesellschaft im 20. Jahrhundert (Gerhard Besier) 2000. EdG 56

Politik, Staat, Verfassung

Der Deutsche Bund und das politische System der Restauration 1815–1866 (Jürgen Müller)
Verfassungsstaat und Nationsbildung 1815–1871 (Elisabeth Fehrenbach) 1992. EdG 22
Politik im deutschen Kaiserreich (Hans-Peter Ullmann) 1999. EdG 52

Die Weimarer Republik. Politik und Gesellschaft (Andreas Wirsching) 2000. EdG 58
Nationalsozialistische Herrschaft (Ulrich von Hehl) 2. Auflage 2001. EdG 39
Die Bundesrepublik Deutschland. Verfassung, Parlament und Parteien (Adolf M. Birke) 1996. EdG 41
Militärgeschichte des 19. und 20. Jahrhunderts (Ralf Pröve)
Die Sozialgeschichte der Bundesrepublik Deutschland (Axel Schildt)
Die Sozialgeschichte der Deutschen Demokratischen Republik (Arnd Bauerkämper)
Die Innenpolitik der Deutschen Demokratischen Republik (Günther Heydemann)

Staatensystem, internationale Beziehungen

Die deutsche Frage und das europäische Staatensystem 1815–1871 (Anselm Doering-Manteuffel) 2. Aufl. 2001. EdG 15
Deutsche Außenpolitik 1871–1918 (Klaus Hildebrand) 2. Aufl. 1994. EdG 2
Die Außenpolitik der Weimarer Republik (Gottfried Niedhart) 1999. EdG 53
Die Außenpolitik des Dritten Reiches (Marie-Luise Recker) 1990. EdG 8
Die Außenpolitik der Bundesrepublik Deutschland (Hermann Graml)
Die Außenpolitik der Deutschen Demokratischen Republik (Joachim Scholtyseck)

Hervorgehobene Titel sind bereits erschienen.

Stand: (August 2002)